马克思诞辰200周年纪念文库
The 200ᵗʰ Anniversary Books for Karl Marx

当代中国"三农"发展研究

巩前文 | 著

图书在版编目（CIP）数据

当代中国"三农"发展研究/巩前文著. -- 北京：
中央编译出版社，2019.12
ISBN 978-7-5117-3816-5

Ⅰ.①当…
Ⅱ.①巩…
Ⅲ.①三农问题—研究—中国
Ⅳ.①F32

中国版本图书馆CIP数据核字（2019）第294015号

当代中国"三农"发展研究

出 版 人：	葛海彦
责任编辑：	李易明
责任印制：	刘　慧
出版发行：	中央编译出版社
地　　址：	北京西城区车公庄大街乙5号鸿儒大厦B座（100044）
电　　话：	（010）52612345（总编室）　（010）52612339（编辑室）
	（010）52612316（发行部）　（010）52612346（馆配部）
传　　真：	（010）66515838
经　　销：	全国新华书店
印　　刷：	三河市华东印刷有限公司
开　　本：	710毫米×1000毫米　1/16
字　　数：	147千字
印　　张：	12
版　　次：	2019年12月第1版
印　　次：	2019年12月第1次印刷
定　　价：	78.00元

网　　址：	www.cctphome.com	邮　箱：	cctp@cctphome.com
新浪微博：	@中央编译出版社	微　信：	中央编译出版社（ID：cctphome）
淘宝店铺：	中央编译出版社直销店（http://shop108367160.taobao.com）　（010）55626985

本社常年法律顾问：北京市吴栾赵阎律师事务所　闫军　梁勤
凡有印装质量问题，本社负责调换，电话：（010）55626985

序

党的十八大以来,以习近平同志为核心的党中央,始终坚持把解决好"三农"问题作为全党工作重中之重。农民收入持续增长,农村民生全面改善,农业现代化扎实推进。纵观全局,农业农村农民发展是决胜全面建成小康社会、全面建设社会主义现代化国家的关键环节。解决好"三农"问题是关系国计民生的根本性问题,是解决城乡发展失衡农村发展失速的关键所在,是中国特色社会主义进入新时代实现全体人民共同富裕的必然要求。

"三农"问题具有历史性。农业农村农民问题不是几天形成的,甚至也不是几年形成的,是长期以来的城乡二元社会经济结构不合理性带来的结果。农业的基础性地位在我国有着更为直接的客观诉求:一是农业自然资源"过载"。耕地只有世界平均水平的三分之一;人均淡水只有世界平均水平的四分之一;人均草原面积也只有世界平均水平的二分之一。没有农业资源的挖潜,大量农民的参与,十几亿人口吃饭都是问题。二是工业依赖农业"过度"。在"无工不富""无商不活""贸工农"主张下,工业快速发展,但长期过度依赖农业提供原材料。

"三农"问题具有系统性。新中国成立70年来,社会经济发展取得的巨大成就离不开农业、农村和农民。在过去缺衣少食的年代,农业生产率很低,但农民严格执行"交够国家的,留够集体的,剩下的才是自己的"统一要求,全力保障城市粮食供给。改革开放以来,农业、农村、农民为城市发展,尤其是为城市工业发展做出了重大贡献。一是工农产品剪刀差,使资源配置向城市、工业倾斜。二是耕地非农化为城市发展用地做出了贡献。"三农"问题,不是简单的农村自身的问题，而是系统性的问题，透视"三农"问题，必须站在城乡大空间、工农大产业的综合角度，大格局、宽视角、全景照。

"三农"问题具有时代性。从某种意义上来说，"三农"问题是发展的结果，还是比较的结果。从农业、农村、农民自身的"绝对"发展来看，吃不饱、穿不暖的年代已经成为记忆，新中国成立之初，全国粮食总产量为2000多亿斤，2018年全国粮食总产量为13158亿斤，比1949年增长4.8倍，年均增长2.6%。第三次全国农业普查数据显示，全国有水泥路面公路通过的村占比达到76.4%，有图书室（文化站）的乡镇占比达到96.8%，有本级政府创办的敬老院的乡镇占比为56.4%，交通、文化和特殊群体的养老设施有了显著改善。2018年农村居民人均可支配收入14617元，扣除物价因素，比1949年实际增长40倍，年均实际增长5.5%。农村贫困人口由1978年的7.7亿人减少到2017年的1660万人，贫困发生率由97.5%下降到1.7%。成绩不光体现在这些数据上，还体现在人们直观感受上，经常去农村调研，热闹的乡村集市、熙熙攘攘的车流，琳琅满目的物资，展现的是生机勃勃的乡村景象。当然，"三农"问题不是仅从农业、农村、农民的"绝对"发展来看的，如果从"相对"发展来看，2018年城乡居民人均可支配收入比值仍达到2.69，农民进城住、进城务工动力仍然很足。这意味着，"三农"问题具有时代性，其根源已经从过去落后的社会生产力向当前不平衡不充分的发展转变。

"三农"问题的解决，同样也是个系统工程，需要有历史的耐性。从解决思路上来看，形成"外发促内生"的机制是关键。"三农"问题的解决，"主场"在农村、"主责"在农民、"主业"在农业、"动力"在改革。这也是贯穿本书的主线。研究"三农"问题，宏观、中观和微观均可，本书也就触及皮毛，也或尚未触及，但是有一点是可以肯定的，书中的观点是一个"农经人"的朴素思考，很多观点还停留在感性认识上，甚至仅是驻村调研中的一点触动，在此不做展开，不对之处，敬请批评指正！

是为序。

巩前文

2019年1月8日

目 录

第一章　"三农"问题研究的时代背景 …………………………… 1
  一、新世纪之绩：农民增收与粮食增产开创新局面 ………… 1
  二、新世纪之问：未来的农业生产者是谁 …………………… 9
  三、新世纪之谋：谱写新时代乡村全面振兴新篇章 ………… 15

第二章　马克思主义经典作家关于"三农"问题的论述 ………… 22
  一、马克思、恩格斯关于"三农"问题的思想 ……………… 22
  二、列宁关于"三农"问题的思想 …………………………… 34

第三章　实现农业现代化：让农业成为有奔头的产业 …………… 48
  一、三权分置：向农业生产适度规模经营要效益 …………… 49
  二、科技兴农：向科技进步融入现代农业要效率 …………… 57
  三、主体多元：向新型农业经营主体培育要活力 …………… 62
  四、绿色发展：向强化农业绿色化发展要竞争力 …………… 68
  五、全民参与：向全社会共建共享农业要关注力 …………… 76

第四章　实现农村现代化：让农村成为安居乐业的美丽家园 …… 82
  一、掌舵定向：走农村基层党建之路 ………………………… 83
  二、激发活力：走乡村产业融合之路 ………………………… 88

三、创新治理：走乡村社会善治之路 …………………………… 97

　　四、留住乡愁：走乡村文化兴盛之路 …………………………… 101

　　五、美丽乡村：走乡村生态宜居之路 …………………………… 109

第五章　实现农民现代化：让农民成为体面的职业 ……………… 120

　　一、农民成为一种职业：实现从身份象征向职业标识转化 … 120

　　二、物质财富不断提高：实现从单一贡献向藏富于民转化 … 134

　　三、社会地位得到提升：实现从被人忽视向令人羡慕转化 … 152

第六章　当代中国"三农"发展的新方向 …………………………… 161

　　一、当代中国"三农"发展的新局面 …………………………… 161

　　二、当代中国"三农"发展的时代指引 ………………………… 165

参考文献 ………………………………………………………………… 171

后　记 …………………………………………………………………… 183

第一章 "三农"问题研究的时代背景

一、新世纪之绩：农民增收与粮食增产开创新局面

进入21世纪后，我国农村面貌发生了翻天覆地的变化，在改革开放的过程中解决了农民的温饱问题，尤其是"中国人牢牢地把饭碗端在了自己手上"堪称世界奇迹，也是改革开放40年来取得的伟大成就之一。同时，农村的生产生活环境得到了有效改善，村级公路硬化、家庭饮水安全化和生活设备现代化水平显著提升。

（一）农民增收"十七连快"，城乡居民收入差距缩小趋势明显

农民生活水平提高是农村发展的最终目的，而农民收入增加是农民生活水平提高的基础条件。中国共产党人历来重视增加农民收入，不断夯实农民生活物质基础。农民收入增加也是体现农民分享社会发展成果的重要方式。农村改革开启了中国改革的大幕，家庭承包责任制通过土地产权制度创新激发了农民生产积极性，农民在制度创新中得到实惠，农业经营收入稳步增加。然而，自1985年中国经济体制改革进入以城市建设为重点的阶段以来，城乡居民收入差距日益扩大。由于农民负担加重、农业收入增长迟滞，农民的粮食生产积极性降低，1998年开始粮食产量连年下滑。2002年修订的《中华人民共和国农业法》将提升农业经济效益的重点转为促进农民增收。2004年，为了扭

转粮食产量连年下滑、城乡收入差距不断拉大的局面，国家出台了一系列包括税收、农业补贴、最低收购价等政策在内的惠农政策。

税收政策主要通过逐步减免涉农税收，减轻农民负担，增加农民可支配收入。2003年12月31日中共中央、国务院出台的《关于促进农民增加收入若干政策的意见》提出进一步减轻农民的税费负担，2004年开始逐步降低农业税税率，同时取消除烟叶以外的农业特产税。2005年进一步扩大农业税免征范围、加大减征力度，并允许各地自主启动农业税免征试点。2006年起全国范围内取消农业税。2007年起，国家开始对投入到农业农村事业中的社会资本实施税收优惠政策。其中，包括2007年对涉农企业实施税收优惠政策，2008年对农业机械化实施税费优惠政策，2009年对农民工返乡创业实施税费减免支持政策，2010年实施涉农贷款税收优惠政策，2014年对农业合作社发展农产品加工流通实施税收优惠政策等。①

农业补贴政策主要以农民直接补贴和价格补贴相结合的形式为主。2004年，中央一号文件提出"为农民增收减负提供体制保障"后，国家开始进行农业直接补贴试点工作，随后农民直接补贴和价格补贴相结合的财政支农政策逐步形成，有效提高了农业产量，调动了农民生产积极性。其中，中央财政不断扩大种粮农民直接补贴、农资综合补贴、良种补贴和农机购置补贴等补贴的补贴范围。此外，2004年增加对接受培训的农民的补贴，2005年扩大重大农业技术推广项目专项补贴规模，2006年增加测土配方施肥补贴，2007年启动家电下乡补贴政策在山东、河南、四川的试点，2008年扩大到12个省（区、市），2009年推广到全国。2016年4月，财政部与农业部发布《关于全面推开农业"三项补贴"改革工作的通知》，提出将农作物良种补贴、种粮农民直接补贴和农资综合补贴合并为农业支持保护补贴。

最低收购价政策于2004年开始实施，在促进农民增收、缩小城乡居民收入差距上发挥了重要作用。2004年实施的最低收购价政策旨在

---

① 王昊：《中国财政支农政策的运用与效果分析——基于2004——2014年中央1号文件的视角》，载《世界农业》，2014年第7期。

提升粮食产量，一系列惠农政策实施后，粮食产量于当年迅速止跌回升。2005—2007年期间稻谷的最低收购价维持不变，2006—2007年小麦的最低收购价也不再变化。2007年城乡居民收入差距达到1978年以来的最高点，增加农民收入成为迫切需求。2008年开始，最低收购价政策目标转为保"农民增收"为主，持续提高稻谷和小麦的最低收购价。2007—2014年，早籼稻最低收购价提高了92.9%，中籼稻最低收购价提高了91.7%，粳稻最低收购价提高了106.7%，小麦最低收购价提高了68.6%。[①] 该期间，城乡居民收入差距从2007年的3.33倍下降到2014年的2.75倍。

全面取消农业税、增加农业补贴及最低收购价等多重惠农政策叠加，为稳定农民收入奠定了重要基础。事实上，农民收入增长越来越依靠农民家庭工资性收入，尤其是进城务工形成的工资性收入已成为农民收入增长的重要来源。可谓"农业经营收入是稳定器、工资性收入是增长极、农民财产性收入是添加剂"，最终使农民收入快速增长（图1-5）。

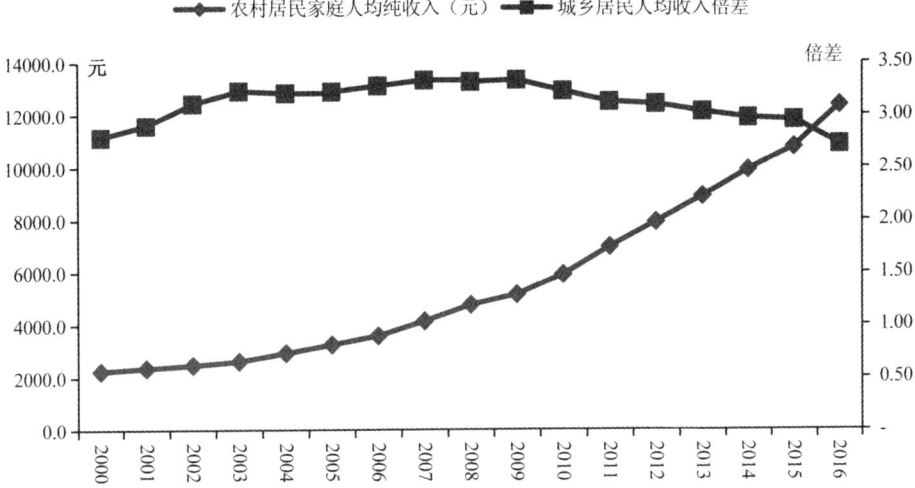

图1-5　21世纪以来全国农村人均纯收入变化趋势（2000—2016年）

数据来源：根据历年出版的《中国统计年鉴》（2001—2017年）整理所得。

---

① 何蒲明、魏君英：《农业供给侧改革背景下粮食最低收购价政策改革研究》，载《农业现代化研究》，2019年第40卷第4期。

从图1-5可以看出，进入21世纪以来，农民收入持续增长，实现了"十七连快"，从2000年的农村居民家庭人均纯收入2253.4元上升到2016年的12363.0元，增长了5.5倍，年均增长10.5%，略低于同期国民经济年均增速的12.5%，但高于同时间段城镇居民家庭人均纯收入增长率10.4%，城乡居民人均收入倍差也呈现出明显缩小趋势。

农村居民人均纯收入增长的动力来源与农村居民家庭工资性收入增长高度相关（表1-8）。

表1-8　农村居民家庭人均纯收入来源一览表（1985—2016年）

年份	总收入（元）	按收入来源分（元）					
		工资性收入	占比(%)	家庭经营纯收入	占比%	转移性和财产性收入	占比(%)
1985	397.60	72.15	18.15	295.98	74.44	29.47	7.41
1990	686.31	138.80	20.22	518.55	75.56	28.96	4.22
1995	1577.74	353.70	22.42	1125.79	71.35	98.25	6.23
2000	2253.42	702.30	31.17	1427.27	63.34	123.85	5.50
2005	4631.21	1174.53	25.36	3164.43	68.33	270.09	5.83
2010	8119.51	2431.05	29.94	4937.48	60.81	705.51	8.69
2015	11421.70	4600.30	40.28	4503.60	39.43	2132.70	18.67
2016	12363.40	5021.80	40.62	4741.30	38.35	2395.90	19.38

数据来源：根据历年出版的《中国统计年鉴》（1999—2017年）整理所得。

从表1-8可以看出，21世纪以来，典型的变化特征是农村家庭工资性收入占总收入的比重上升迅速，已经替代农村家庭经营性纯收入在人均纯收入结构中的位置，成为农村居民家庭人均纯收入中的最大组成部分；而家庭经营纯收入则从1985年的74.44%下降到2000年的63.34%，并进一步下降到2016年的38.35%，32年间下降了一半。这意味着农村居民家庭人均纯收入的提高主要动力来源已经从过去的家庭经营纯收入的增长，转变为家庭工资性收入的增长，工资性收入已成为农村居民家庭人均纯收入增长的第一动力。这与大量农村剩余劳动力进城务工高度相关。从人力资源和社会保障部官方统计数据上来看，2017年全国农民工总量达到2.87亿人，比2012年增加2391万人，年均增加480万人，年均增长率达到1.8%。按照2017年全国364431个家庭户来算，平均每个家庭有0.8个劳动力进城务工，对增加农村居民家庭工资性收入起到了重要的支撑作用。同时，在农村居民家庭人均纯收入快速增长过程中，转移性和财产性收入也快速增长，到2016年达到了总收入的19.38%，占近五分之一。其中，转移性收入是主体，2016年财产性收入每人272.1元，转移性收入每人2328.2元。这与21世纪以来不断推出的强农惠农政策直接相关，尤其是从2006年起全面取消农业税，同时给农民发放农业补贴，直接提高了农民家庭转移性收入水平。由此可见，21世纪以来，农村居民家庭收入不断增长，是国家户籍制度改革、农业多予少取和城镇化提速等多重因素叠加的结果。

应对任务艰巨的贫困问题，中国共产党人不断改革扶贫政策，创新扶贫方式方法，脱贫攻坚取得显著成效。2011年，《中国农村扶贫开发纲要（2011—2020年）》开始实施，将"两不愁、三保障"作为扶贫开发工作目标。党的十八大以来，国家不断增加扶贫投入，将巩固温饱成果、加快脱贫致富、改善生态环境、提高发展能力、缩小发展差距作为脱贫攻坚的新阶段目标；因人因户因村施策，采取了包括产业扶贫、交通扶贫、水利扶贫、教育扶贫、健康扶贫、金融扶贫、易地搬迁等多种脱贫形式；农村贫困人口大幅减少，贫困发生率持续下降，贫困地区农村居民人均收入快速增长，生活消费水平大幅提高，生活条件和环境明显改善（表1-9）。

表1-9 贫困人口、贫困发生率、贫困地区人居收入与消费情况表（2012—2016年）

年份	贫困人口（万人）	贫困发生率（%）	贫困地区农村居民人均可支配收入（元）	贫困地区农村居民人均消费支出（元）
2012	9899	10.2	5216	4703
2013	8249	8.5	5758	5404
2014	7017	7.2	6432	6009
2015	5575	5.7	7249	6658
2016	4335	4.5	8452	7331

数据来源：国家统计局住户调查办公室：《中国农村贫困监测报告》，中国统

计出版社2017年版,第10页。

从表1-9可以看出,党的十八大以来全国农村减贫成效显著。2012—2016年,全国农村贫困人口大幅减少,由9899万人减少至4335万人,共计减贫人口5564万人;贫困发生率持续下降,由10.2%下降至4.5%,共下降了5.7个百分点;贫困地区农村居民人均可支配收入持续增长,从5216元增长到8452元,共增长了1.6倍;贫困地区农村居民消费支出不断提升,人均消费支出从2012年的4703元增长至2016年的7331元,年均增长11.7%。此外,贫困地区的居住条件不断改善,包括饮水安全不断提高,使用经过净化处理自来水的农户比重从2013年的30.6%上升到2016年的40.8%;居住设施不断改善,2016年使用卫生厕所的农户比重达到31.0%,比2012年提高5.3个百分点。[1]由此可见,党的十八大以来实施的一系列脱贫政策,有效促进了贫困地区农村居民收入的增加,加强了贫困地区农村基础设施建设,进一步提升了贫困地区农村居民的生活质量,为到2020年所有贫困地区和人口共同迈入全面小康社会打下了坚实的基础。

(二)粮食生产"十二连增",中国人的饭碗牢牢端在自己手上

中国是世界第一人口大国,粮食安全一直是"天字第一号"的大问题。对于人口众多的大国,解决好吃饭问题始终是治国理政的头等大事。古人常讲"洪范八政,食为政首"[2]。中国很早就进入了农耕社会,素来崇尚农业、以粮为本,"民以食为天"正是重农思想的真实写照;此外,吃不饱饭的困窘又长期困扰着这个人口大国,从古至今,"但愿苍生俱饱暖"是很多仁人志士朴实而强烈的愿望。一个有着十三亿多人的人口大国,粮食安全影响着国运民生,"吃饱饭"是维系社会稳定的"压舱石"。

从数据上来看,我国粮食人均占有量已经有十多年保持在400公斤以上,达到了联合国规定的安全线(400公斤),且远远超过联合国

---

[1] 国家统计局住户调查办公室:《中国农村贫困监测报告》,中国统计出版社2017年版,第10页。
[2] 班固(东汉):《汉书·食货志第四》。

规定的温饱线（280公斤），以实践成果有力回应了中华人民共和国建立初期美国的"担忧"：中国共产党能打赢战争，却无法解决几亿中国人的吃饭问题。

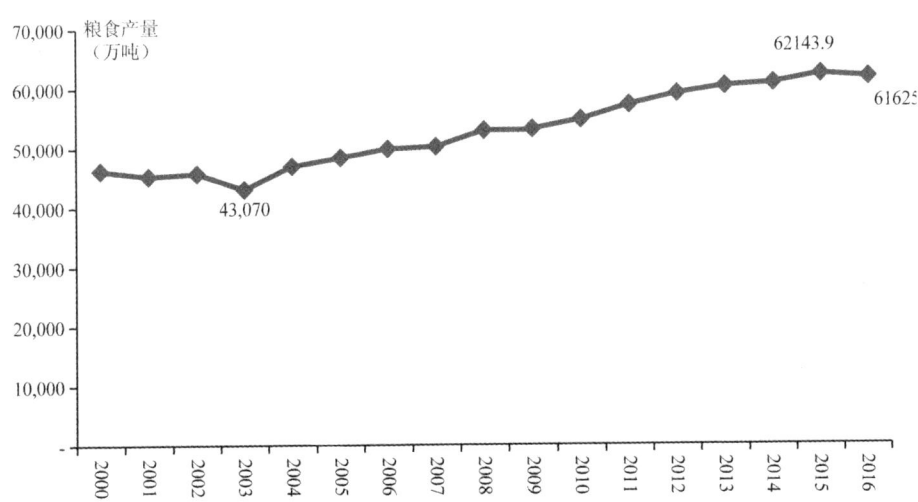

图 1-6　21 世纪以来全国粮食产量变化趋势（2000—2016 年）

数据来源：根据历年出版的《中国统计年鉴》（2001—2017 年）整理所得。

进入 21 世纪以来，随着我国加入 WTO，经济全球化不断强化，有些人开始考虑要把中国粮食问题交由世界解决，所谓"全世界大家都进步了，中国解决吃饭问题不算啥"。显然，这样的观点未考虑到"马尔萨斯陷阱"，即人口是按照几何级数增长的，而生存资料仅仅按照算术级数增长。我国庞大的人口基数，若按几何级数增长，一旦国内粮食供应不足，依靠国际市场来补充，长时间、大批量地从国际市场采购粮食，既要付出沉重的经济代价，同时也要在国际社会承担巨大的政治压力。为此，我国始终把粮食生产置于农业生产的主导地位，使得新世纪粮食产量上了一个又一个台阶，粮食产量实现了"十二连增"（图 1-6）。

中国粮食安全取得的举世瞩目的成就，离不开中国共产党人依据各时期的国情不断制定的政策方针和及时调整的工作做法。挖掘土地资源、创新经营制度、调节粮食价格、补贴粮食生产、改进科学技术等全方位、多角度、持续性的粮食"提产保质"工作，不断为我国粮食安全"保驾护航"。中华人民共和国成立之初，我国就有四亿多人口，解决如此众多人口的生存问题，一直是毛泽东关注的重点。在没有任何基础，在没有大型机械设施的条件下，新中国仅用了不到十年的时间彻底治理了中国的大江、大河，沿海修筑海提，从根本上解决了中国的洪涝灾害。20世纪60年代，鉴于旱灾问题，毛泽东提出了"水利是农业的命脉"①，全国各地大搞农田基本建设，兴修了五万多座大中小型水库和数十万公里的灌溉水渠，根本上解决了主要产粮区的农业用水问题。毛泽东时期大兴农田水利为粮食生产奠定了重要的基础。改革开放后，家庭承包责任制的落地推广，通过制度创新极大调动了农民的生产积极性，一改计划经济时期"出工不出力""干与不干一个样，干多干少一个样"的消极生产局面。同时，科技的发展大幅度提高了粮食生产的单产水平。一是良种的广泛使用。袁隆平院士培育的杂交水平使粮食产量单产水平至少提高了30%。二是化学投入品的广泛使用，使粮食生产步入"石化时代"，化肥农药的使用推动了粮食增产。进入21世纪，粮食安全由"量"向"质"转变进入新阶段。此时期党中央实行粮食直接补贴政策、最低收购价政策与粮食安全省长责任制，坚持以人为本的原则，充分发挥与保障农民在农业生产中的主体地位与根本利益。政策的变化为粮食工作指引正确的方向，制度的创新助推粮食安全的进程，而技术的优化升级更是实现农业现代化的加速器。基于粮食需求的扩大与耕地面积的减少的矛盾，在18亿亩耕地红线不变的鞭策下，党中央深刻认识到必须通过科技创新提高粮食的产量与质量。节本增效技术向优质高产技术发展，再往生态安全技术转变，粮食技术也正在与时俱进。以"3S"为核心技术的精准农业技术体系、现代农业产业技术体系以及农业科技推广体系的不断完善更是为农业现代化提供了坚实支撑，在不同的历史阶段都产生了良好的经济社会效益。破立并举，创新联合，与时俱进，这是党与政府在

---

① 《毛泽东选集》第一卷，人民出版社2008年版，第132页。

70年的粮食工作中总结出的重要经验。

二、新世纪之问：未来的农业生产者是谁

传统的小农经济，农民是农业生产的主体。时至今日，虽然农业机械化水平不断提高，新型农业经营主体培育不断加快，但农业仍然还离不开农民。这不仅是由农业的政治属性决定的，即农业承担着农村劳动力就业主渠道的职责，同时也是由农业自然资源条件决定的，我国地形复杂多样，平原、高原、山地、丘陵、盆地五种地形齐备，山区面积广大，约占全国面积的2/3，山地、丘陵地的耕作需要大量农户参与。

（一）中青年进城，老人、妇女、儿童撑起了农业生产的整片天

在改革开放之前，从事农业的劳动力数量占劳动力总数的80%以上，意味着全国十个劳动力就有八个从事农业。但改革开放以来，无论是从事农业的劳动力绝对数还是在劳动力总量中的占比都不断下降（图1-7）。

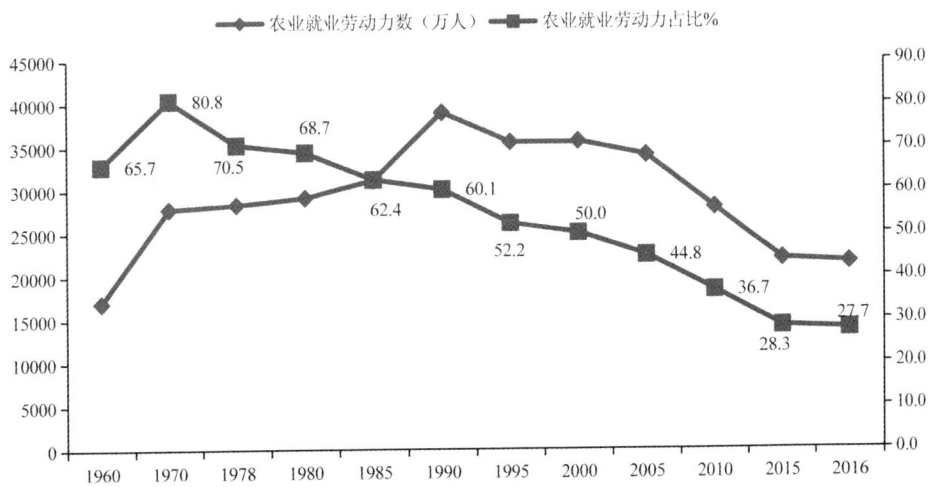

图1-7 中华人民共和国成立以来农业就业劳动力数量及其占比变化趋势（1960—2016年）

数据来源：根据历年出版的《中国统计年鉴》（1961—2017年）整理所得。

从图1-7可以看出，农业就业的劳动力占比从1970年的80.8%一路下行，到2016年农业就业劳动力占比为27.7%，下降了53个百分点。留在农村从事农业的劳动力数量快速下降，从第二次全国农业普查数据来看，青壮年劳动力从事农业的比重较低（图1-8）。

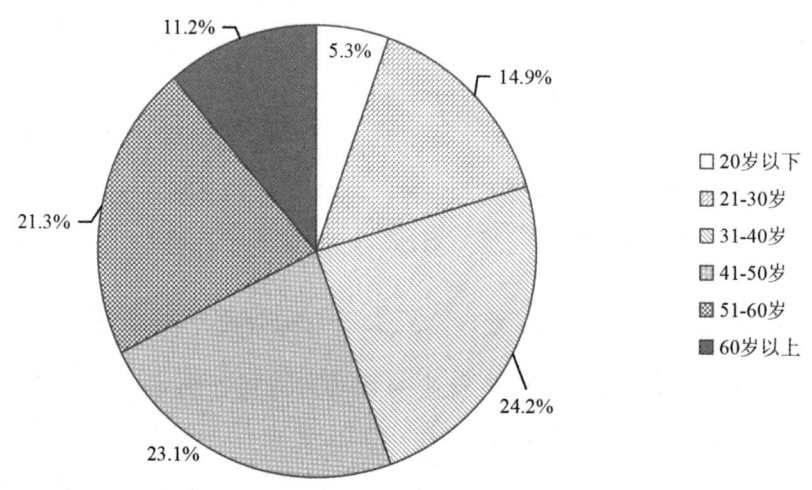

图1-8　全国农业从业人员年龄分布（2006年）

数据来源：根据"全国第二次农业普查数据"（2006年）整理所得。

从图1-8可以看出，31—50岁的农业从业人员仅占47.3%，不到一半；而且不到一半的农业从业人员中女性占49.4%，意味着青壮年劳动力中，从事农业的男性仅占农业从业人员总数的24%，还有31—50岁年龄段的23.3%的农业从业人员为女性；同时，20岁以下的农业从业人员占5.3%，50岁以上的农业从业人员占32.5%。可见，妇女、儿童、老人已成为农业从业人员的主要组成部分，成了农业生产的主体。从我们大量的农村实地调研来看，也有类似的结论，不是重大节日（如春节），农村少见中青年人，留守老人、妇女和儿童成了农村的生活主体。"如今很多村，只有留守翁。地荒杂草生，孩童更难寻。"这首打油诗在一定程度上反映了农村现状，尤其是偏远地区，村庄几乎都成了"空心村"。"空心村"越来越多，闲置的农房就成了"沉睡"的资源，在很多地方，由于年代久远，闲置农房甚至成了危房。"空心村"现象也验证了以老人、妇女，儿童为主要人群的农村农业从业人员撑起农业生产整片天的基本现状。

同时，从农业从业人员的受教育程度看，农业从业人员受教育程度一直就较低，在国家推行九年义务教育（1994年9月1日）之初，按照全国第一次农业普查数据（1996年），农业劳动力的文盲比重高达14%，小学文化比重高达42%，意味着农业从业人员中，小学及以下文化水平的占总人数的56%，超过一半。到2007年第二次全国农业普查时，全国农业从业人员受教育程度依然较低（图1-9）。

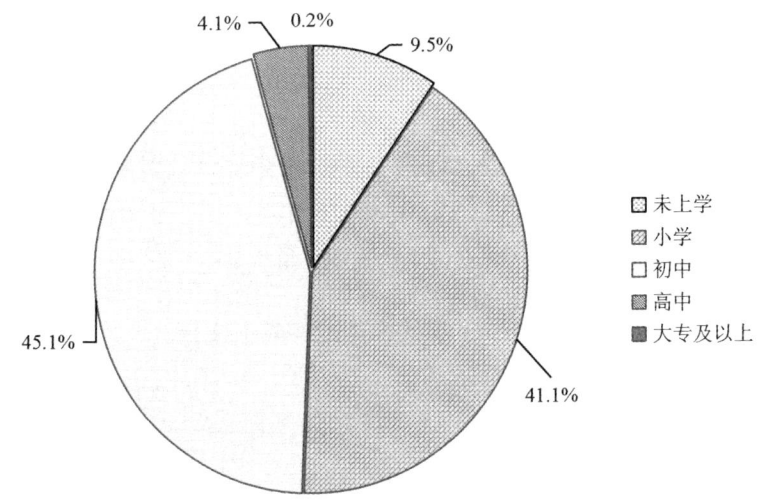

图1-9 全国农业从业人员受教育程度（2006年）

数据来源：根据"全国第二次农业普查数据"（2006年）整理所得。

从图1-9可以看出，2006年全国农业从业人员中未上过学的仍占9.5%，上过小学的占41.1%，与第一次全国农业普查相比，没有明显变化。这充分说明，十年间，新增农业劳动力基本上没有从事农业行业。这样的结论同样可以从农民工数量变化得到验证（图1-10）。

从图1-10可以看出，自从20世纪90年代以来，农村剩余劳动力开始进城务工，进城数量一直保持增长态势。虽然农民工数量增速有所放缓，但是由于基数大，近五年年均增量仍在500万以上，到2016

年农民工数量已达2.82亿人。进城农民工以中青年为主（表1-9）。

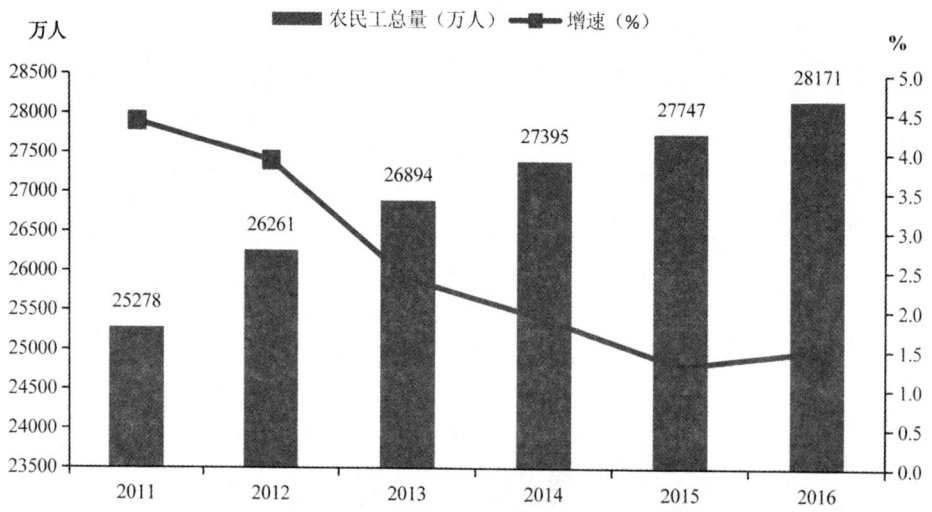

图1-10 中华人民共和国成立以来农业就业劳动力数量及其占比变化趋势（1960—2016年）

数据来源：根据《2016年农民工监测调查报告》整理所得。

表1-9 农民工年龄构成（%）

年龄段	2012	2013	2014	2015	2016
16-20岁	4.9	4.7	3.5	3.7	3.3
21-30岁	31.9	30.8	30.2	29.2	28.6
31-40岁	22.5	22.9	22.8	22.3	22.0
41-50岁	25.6	26.4	26.4	26.9	27.0
50岁以上	15.1	15.2	17.1	17.9	19.2

数据来源：根据《2016年农民工监测调查报告》整理所得。

从表1-9可以看出，进城农民工主要集中在21—50岁之间，尤其是21-30岁年龄段占了30%左右。中青年劳动力进城务工，削弱了农业发展的人力支撑，同时，进城农民工的文化水平与农业从业人员比较要明显偏高（表1-10）。

表 1-10　外出农民工文化程度构成（%）

文化程度	2015 年	2016 年
未上过学	0.8	0.7
小学	10.9	10.0
初中	60.5	60.2
高中	17.2	17.2
大专及以上	10.7	11.9

数据来源：根据《2016年农民工监测调查报告》整理所得。

从表1-10可以看出，外出农民工具有初中及以上文化水平的占88%以上，尤其是高中及以上文化水平的超过27%，占了近三成。可见，无论是外出农民工的数量还是年龄，抑或文化程度，都占了很大比例，农业劳动力中的有较高文化水平的青壮年均离开了农业生产，削弱了农业的发展潜力。

农业劳动力进城务工是多重因素的叠加，农业生产利润低是首要动因。农村干一年不如进城务工一个月挣得多，何况农业生产还受自然风险和市场风险的双重"夹击"。农业兼业化、农民老龄化、农村空心化日益严重，"谁来种地"问题日益突出。正如习近平指出的，要解决好"谁来种地"问题，培养造就新型农民队伍，确保农业后继有人。

（二）农民工回乡不回土，新生代"不愿种、不会种、不敢种"

自从2008年国际金融危机导致大规模农民工返乡潮以来，农民工返乡成为一个社会广为关注的话题。农民工返乡的原因多元，据中国社科院发布的调查数据显示，农民工不愿外出打工的前五位因素分别是：年纪大了（20.63%）、父母子女无人照顾（18.12%）、缺少技能（15.94%）、农活离不开（10.03%）、对城市不熟悉（8.93%）。[1] 可见，农民工外出务工年龄是个重要限制性因素。这与中国社科院发布的《中西部工业化、城镇化和农业现代化：处境与对策》一书中的调查结论非常一致，其中一项"中西部农民向城镇转移意愿分布"调查显示，"很

---

[1] 王品芝：《城市难留66.1%农民工希望到年龄就回乡》，载《中国青年报》，2016年4月26日。

想"向城镇转移的农民工占11.83%,"比较想"的占21.73%,"一般"的占17.45%,"不太想"的占24.82%,"完全不想"的占24.13%,约有一半的农民工不想进城,另有66.1%的农民工认为到了一定年龄就想回乡。

农民工年龄究竟大到什么程度算是"年龄大",从国家统计局发布的《2016年农民工监测调查报告》中的数据看,外出农民工"50岁以上"的群体在2012年占总外出务工人数的15.1%,2013—2016年分别为15.2%、17.1%、17.9%、19.2%,呈现出逐年增长态势,这意味着五年前50岁是条制约线,这条制约线在逐步向60岁乃至更高的线移动。

农民工外出务工后回流现象并不是简单地因为年龄,而是户籍、城市高房价、子女上学等因素叠加的综合结果。相对于农村来说,较高的生活成本是农民工回乡的重要因素。《2016年农民工监测调查报告》数据显示,2016年农民工月均收入3275元,其中,在东部地区务工的农民工月均收入3454元;在中部地区务工的农民工月均收入3132元;在西部地区务工的农民工月均收入3117元;在东北地区务工的农民工月均收入3063元。农民工收入虽然在不断提高,但是城市生活成本也在不断提高,尤为突出的是农民工在城市享受的社会保障非常有限,甚至大部分农民工与雇主未签订用工合同。《2016年农民工监测调查报告》数据显示,2016年与雇主或单位签订了劳动合同的农民工比重为35.1%,被拖欠工资的农民工人数为236.9万人。这意味着大部分农民工连正式合同都未签,更别提社会保障了。

从外出农民工年龄上来看,21—50岁农民工是主体。

从图1-11可以看出,"70后"农民工占农民工总量的27%,"80后"农民工占农民工总量的22%,"90后"农民工占农民工总量的28.6%,甚至还有"00后"。在这样的年龄分布中,有务农经历的比重非常小,至少"80后""90后""00后"基本上从学校到外出打工是无缝对接的,缺乏务农经历,不会种地现象突出。就农民工就业和留城意愿来看,新生代农民工已经成为城市流动打工主体,80后新生代农民工占到总数的49.1%。农民工打算再回农村的农民工所占比例比较低,特别是新生代农民工，只有极少数选择回农村就业，逾70%的农民工不打算回乡就业。绝大多数农民工不再打算从事农业劳动，特别是"80后"农民工，只有7.3%的人选择愿意回乡务农，"90后"农民工中，只有3.8%的人选择务农。[①] 这与另一项调查结论非常相似，2011年宋晓梧援引的调研数据显示，九成新生代农民工不愿回乡，愿意回农村定居的农民工只占8.8%。只有7.7%的新生代农民工愿意回农村定居，而老一代农民工的比例为13.3%。

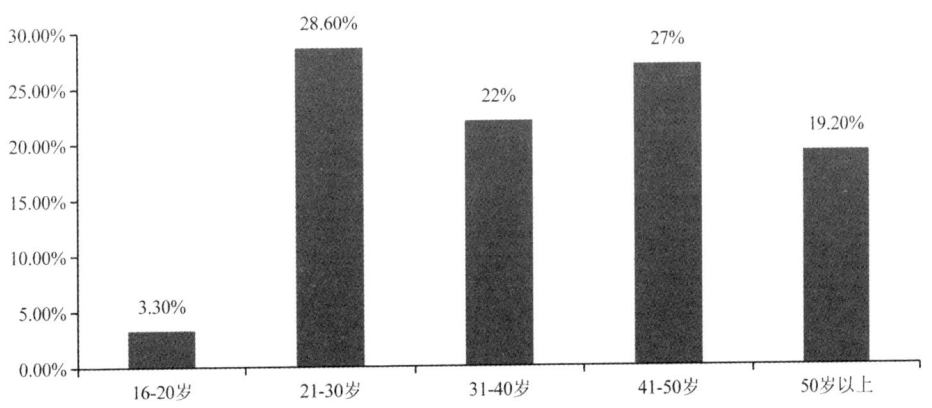

图1-11　2016年外出务工农民工年龄分布

数据来源：根据《2016年农民工监测调查报告》整理所得。

新生代农民工回乡不愿种地不仅源于缺乏务农经验，最为重要的还是城乡之间、务农与非农之间巨大的收入差距削弱了新生代农民工务农的积极性。"回乡不回土"现象削弱了家庭经营农业的基础，也加剧了"未来农业生产者是谁"的担忧。

三、新世纪之谋：谱写新时代乡村全面振兴新篇章

2020年全面建成小康社会是实现中华民族伟大复兴的第一个百年目标，全面建成小康不能没有农村的小康，也不能没有农民的小康。目前，全面建成小康社会的重点在农村，难点在农民，尤其是贫困地

[①] 数据来源于清华大学中国经济数据中心2013年发布的中国城镇化调查大型数据。

区的农村和农民。习近平总书记指出:"我们必须坚持把解决好'三农'问题作为全党工作重中之重,坚持工业反哺农业、城市支持农村和多予少取放活方针,不断加大强农惠农富农政策力度,始终把'三农'工作牢牢抓住、紧紧抓好。"①

(一)新定调:"三农"问题是关系国计民生的根本性问题

"三农"问题是20世纪90年代末才被归纳到一起,作为一个整体性概念提出来的。但从实践上,中国共产党从诞生之日起就在不断探索和解决"三农"问题。在中国共产党成立之初,中国正处在半殖民地半封建社会,在帝国主义和封建主义双重压迫下,内忧外患日益深重,解决农村问题重点是解决农民问题和土地问题,事实上是要解决革命的主力军和革命的道路问题,需要依靠农民建立农村根据地。中华人民共和国成立后,除了继续完成土地改革和民主建设任务外,党在农村工作的重心已经开始转移到如何改造小农经济,发展农村经济上,既要改变农村落后的发展面貌,又要保证农民摆脱资本主义私有制发展道路,成为中华人民共和国成立之初中国共产党考虑农村问题的焦点。随后,如何改造小农经济成为党关心农村工作的重点,既要解决吃饱饭的问题,又要解决农民生产积极性的问题。改革开放是从农村开始的,农民家庭承包责任制的推行调动了农民的生产积极性,以邓小平为代表的党的第二代领导集体总结过去多年的教训,尝试给农民自主权、尊重农民的选择。党的十二大以来,党的报告开始不断加深对"三农"问题的认识和定位(表1-11)。

---

① 《坚决把解决好"三农"问题作为全党工作重中之重》,载新华网,2016年4月29日,http://www.xinhuanet.com/2016-04/29/c_1118766650.htm。

表 1-11 历次党的代表大会报告对"三农"问题定位

所属会议	报告时间	报告标题	有关"三农"的论述
十二大	1982.09.01	全面开创社会主义现代化建设的新局面	农业是我国国民经济的基础。
十三大	1987.10.25	沿着有中国特色的社会主义道路前进	农业的稳定增长和农村产业结构的改善,是整个国民经济长期稳定发展的基础。
十四大	1992.10.12	加快改革开放和现代化建设步伐,夺取有中国特色社会主义事业的更大胜利	农业是国民经济的基础,必须坚持把加强农业放在首位,全面振兴农村经济。
十五大	1997.09.12	高举邓小平理论伟大旗帜,把建设有中国特色社会主义事业全面推向二十一世纪	坚持把农业放在经济工作的首位,稳定党在农村的基本政策,深化农村改革,确保农业和农村经济发展、农民收入增加。
十六大	2002.11.08	全面建设小康社会,开创中国特色社会主义事业新局面	建设现代农业,发展农村经济,增加农民收入,是全面建设小康社会的重大任务。
十七大	2007.10.15	高举中国特色社会主义伟大旗帜,为夺取全面建设小康社会新胜利而奋斗	解决好农业、农村、农民问题,事关全面建设小康社会大局,必须始终作为全党工作的重中之重。
十八大	2012.11.08	坚定不移沿着中国特色社会主义道路前进,为全面建成小康社会而奋斗	解决好农业农村农民问题是全党工作重中之重,城乡发展一体化是解决"三农"问题的根本途径。
十九大	2017.10.18	决胜全面建成小康社会,夺取新时代中国特色社会主义伟大胜利	农业农村农民问题是关系国计民生的根本性问题,必须始终把解决好"三农"问题作为全党工作的重中之重。

资料来源:根据"中国共产党历次全国代表大会数据库"(1982—2017年)整理所得。

从历次党代会报告对"三农"问题的关注可以看出,"三农"问题的重视程度不仅没有弱化,恰恰是在不断加强。从党的十二大把农业认定为"国民经济的基础",到党的十五大把"三农"问题整体提出,并坚持把农业放在经济工作的首位,再到党的十九大提出"农业农村农民问题是关系国计民生的根本性问题,必须始终把解决好'三农'

问题作为全党工作的重中之重",足以看出,"三农"问题从"碎片"走向"整体"、从单纯的经济工作走向党的重心工作,成为全党工作重中之重,体现出中国共产党在解决"三农"问题上的决心和信心。

重农固本,是安民之基。到2020年全面建成小康社会,重点在农村,难点也在农村,没有广大农民的全面小康,就不可能有全国人民的全面小康。当前,我国农业仍是"四化同步"的短腿,农村还是全面建成小康社会的短板。在经济发展新常态下,农业农村发展正面临一系列新挑战。"三农"问题的解决不仅是农民、农村、农业自身的需要,更是整个国民经济发展和社会稳定大局的需要。必须按照新发展理念,坚持党的领导,逐步解决"三农"问题。

(二)新谋篇:乡村振兴是关系全局性、长远性、前瞻性的国家总布局

党的十九大报告以"实施乡村振兴战略"为题,独立成段地阐述了实施乡村振兴战略的目标和举措,首次提出"乡村振兴"的概念并写入了党章。重视农村现代化,改变了以往过度重视农业现代化的政策取向,把对乡村发展的关注提高到一个前所未有的高度。报告明确指出农业农村农民问题是关系国计民生的根本性问题,必须始终把解决好"三农"问题作为全党工作重中之重。要坚持农业农村优先发展,按照产业兴旺、生态宜居、乡风文明、治理有效、生活富裕的总要求,建立健全城乡融合发展体制机制和政策体系,加快推进农业农村现代化。

乡村振兴战略具有历史与现实必然性。首先,乡村振兴是新时代解决"三农"问题的必然选择。农业农村农民问题是关系国计民生的根本性问题,必须始终把解决好"三农"问题作为全党工作重中之重。这是十九大报告对"三农"地位的总判断。改革开放以来,我国经济快速增长,GDP已稳居世界第二位,农业农村发展成绩显著。农业实现了历史性的粮食"十二连增"(图1-12),年产量登上了万亿斤新台阶,2015年粮食产量达到6214.4亿公斤,比2010年粮食产量增长了749.5亿公斤,年均增长2.6%,有效地保障了国家粮食安全;农村居民

收入持续较快增长，2015年农村居民人均纯收入达到10772元，首次超过万元，比2010年增长了4853元，人均增幅达到12.7%。

但是，城乡差距依然很大、空心村现象加剧、留守问题凸出。十九大报告明确提出我国进入了新时代，新时代解决"三农"问题需要新思路。过去长期坚持通过提升农业机械装备化水平促进农业现代化、通过"多予少取"惠民政策提高农民收入、通过新农村建设推进农村发展，但综合来看，分割式条块化发展倾向明显，虽然"三农"问题得到缓解，但并没有很好解决融合农业、农民、农村为一体的乡村可持续发展问题。比如，农业生产效益依然低下，农民"抛弃"农业进城务工意愿强烈；农民收入增长中主要依靠外出务工的工资性收入，近五年农民工资性收入对农村居民人均年纯收入的贡献平均达到50%以上；新农村建设过程中广泛存在追逐"城市标准（房屋高楼化、道路水泥）"现象。因此，要紧扣农村的历史发展特点，把现代元素与乡村传统进行有机结合，按照乡村振兴的总要求，走乡村可持续发展之路。

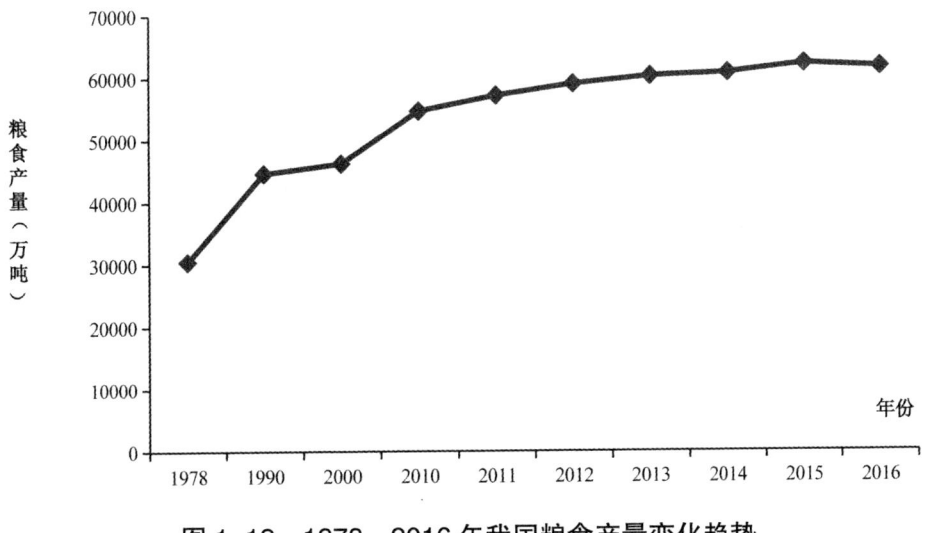

图 1-12　1978—2016 年我国粮食产量变化趋势

数据来源：根据历年出版的《中国统计年鉴》（1979—2017年）整理所得。

其次，乡村振兴是有效持续稳定缩小城乡差距的必然选择。我国城乡差距是客观存在的，正如十九大报告指出的，"城乡区域发展和收入分配差距依然较大,群众在就业、教育、医疗、居住、养老等方面面临不少难题"。当前城乡差距突出表现在城乡居民收入差距和城乡社会保障差距方面。一是城乡居民收入差距有所缩小,但依然较大(图1-13)。2010年城乡居民收入倍差(城镇居民人均纯收入/农村居民人均纯收入)达到3.2,随后持续高位徘徊,直到2016年,城乡居民收入倍差小幅回落至2.7,城乡居民收入差距依然较大。

二是城乡社会保障差距较大。中国社科院发布的2014年《社会蓝皮书》中显示,城镇基本养老保险和新农保的参保率分别呈上升趋势,其中,城镇职工人均养老金水平已达2.09万元,新农保为859.15元,两者养老金水平相差24倍之多。显然,简单地实行城乡居民基本社会公共服务均等化难度太大,即使仅将2.5亿左右的农民工纳入城镇基本社会公共服务,实现城乡社会保障并轨,则并轨过程中资金总缺口就会高达30.69万亿元,其中企业需要承担23.22万亿元。

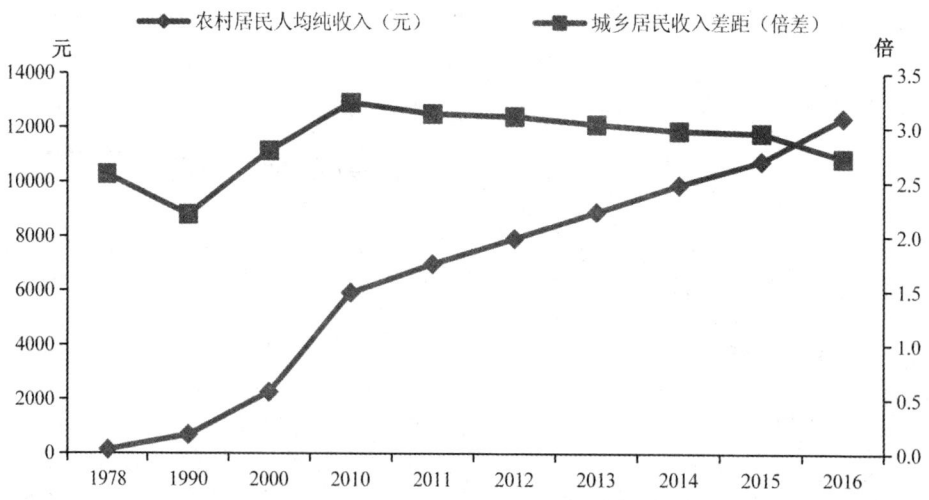

图1-13 1978-2016年我国农村居民收入及城乡居民收入倍差变化趋势

数据来源:根据历年出版的《中国统计年鉴》(1979—2017年)整理所得。

因此,缩小城乡差距是个系统工程,仅仅依靠财政政策是无法实现的。要想有效稳定持续缩小城乡差距,需要依靠农村自身发展,通过实施乡村振兴战略,统筹推进农村经济建设、政治建设、文化建设、社会建设、生态文明建设和党的建设。

最后，乡村振兴是解决新时代社会主要矛盾的必然选择。十九大报告明确新时代我国社会的主要矛盾是人民日益增长的美好生活需要和不平衡不充分的发展之间的矛盾。我国社会主要矛盾的转化说明，人们的需要不仅仅局限于经济和物质领域，还涉及社会、生态、精神文化等多方面需求，同时既有共性需求，也有个性需求。对于农民来说，日益增长的美好生活需要至少有三个层面：一是物质性需要，既包括量的增长需要，也包括质的提升需要。受益于行之有效的精准扶贫方案，贫困人口不断下降，全部脱贫指日可待。2013—2016年，中国农村贫困人口年均减少1391万，累计脱贫5564万人，贫困发生率从2012年底的10.2%下降至2016年底的4.5%。[①] 到2020年，中国现行标准下的农村贫困人口将全部脱贫，这意味着，农民温饱问题基本解决，物质性需求更多表现为质的提升需求。二是社会性需要，主要包括农村社会安全、社会保障和社会公正等方面的需要，实现幼有所育、学有所教、劳有所得、病有所医、老有所养、住有所居、弱有所扶。改革开放以来，我国城乡之间的差距持续拉大，1978年我国城乡居民收入比是2∶1，1997年为2.6∶1，2010年已达到3.33∶1，"落差"扩大使部分经济困难的农民群体产生心理失衡和被剥夺感，甚至引发他们对社会的不满，进而影响社会和谐稳定。三是精神性需求，主要包括尊重的需求和自我实现的需求。农民在解决温饱问题后，更加关注所从事工作的社会尊重。近些年部分农民工回乡创业也凸显出农民对于农村发展寄予厚望，也希望在农村大有作为。综合来看，农民日益增长的美好生活需要，物质性需要、社会性需要和心理性需要四个层面的满足均指向了农村现代化，需要通过乡村的充分发展、平衡发展来解决新时代社会主要矛盾。

---

① 黄承伟：《为全球贫困治理贡献中国方案》，载《人民日报》，2017年7月24日。

第二章　马克思主义经典作家关于"三农"问题的论述

"三农"问题始终关系到中国特色社会主义事业发展全局，解决好"三农"问题是国家稳定的根本，是改革开放和现代化建设的必然要求。当代中国"三农"发展的思想理论政策对解决当前中国"三农"问题具有很强的针对性，体现出其系统全面的战略思维和严密清晰的逻辑理路，是在充分汲取前人思想理论的基础上，结合自身实践经历所形成的科学思想。马克思主义先驱关于"三农"问题的论述散见于一系列马克思主义经典著作之中，具有丰富的思想内涵，至今仍然闪烁着真理的光芒。

一、马克思、恩格斯关于"三农"问题的思想

马克思、恩格斯关于"三农"问题的基本观点产生于十九世纪中期的欧洲，伴随着资本主义的发展而形成。作为领导全世界无产阶级争取全体人类解放的精神领袖，马克思和恩格斯一直重视农业发展规律、农民的解放和城乡关系问题。因此，马克思、恩格斯关于"三农"问题的基本观点是揭示资本主义农业发展为社会主义农业的必然规律，科学描绘社会主义农业现代化的蓝图；围绕着农民解放这个价值关怀展开，论证建立工农联盟对无产阶级革命取得胜利的重要性；分析城乡分离与社会形态演变的联系，指出人类社会发展必将经历从

城乡对立到城乡融合的过程。

（一）农业的基础地位思想

马克思、恩格斯关于农业基础地位观点的论述可概括为两点：一是从劳动的角度出发，将农业视为人类的第一个历史活动，是人类得以生存和发展的前提；二是从劳动生产率的角度出发，认为超出劳动者需要的劳动生产率是一切社会的前提。

1. 农业是人类的第一个历史活动

马克思首先从劳动的角度出发，认为："一切劳动首先而且最初是以占有和生产食物为目的的"①，从而指出了粮食生产的重要性。他认为："我们首先应当确定一切人类生存的第一个前提也就是一切历史的第一个前提，这个前提就是人们为了能够'创造历史'，必须先能够生活，但是为了生活，首先需要的就是吃喝住穿以及其他一些产品。"因此，人类的第一个历史活动便是生产满足这些需要的资料，即生产物质生活本身。"② 显然，马克思认为"农业劳动是其他一切劳动得以独立存在的自然基础和前提"③，工业的发展需要以农业的稳定为前提。恩格斯也指出："一切工业劳动者都要靠农业、畜牧业、狩猎业和渔业的产品维持生活这一早已尽人皆知的经济事实。"④ 由于农业是人类历史上第一个出现的生产部门，所以农业是人类得以生存和发展的前提，在国民经济中必然占据着基础性地位。

2. 超过劳动者个人需要的农业劳动生产率是一切社会的基础

马克思用"超过劳动者个人需要的农业劳动生产率，是一切劳动或社会独立存在的基础"⑤ 简明扼要地概括了重农学派农业基础地位理论的观点，并进一步指出："最文明的民族也同最不发达的未开化的民族一样，必须先保证自己有食物，然后才能照顾其他事情，财富的增

---

① 马克思：《资本论》第3卷，人民出版社1975年版，第713页。
② 马克思：《资本论》第3卷，人民出版社1975年版，第713页。
③ 马克思：《资本论》第3卷，人民出版社1975年版，第713页。
④ 《马克思恩格斯全集》第35卷，人民出版社1979年版，第526页。
⑤ 马克思：《资本论》第3卷，人民出版社1982年版，第885页。

加和文明的进步,通常都以食品所需要的劳动和费用的减少成相等的比例。"①农业劳动生产率越高,社会用于农产品生产的时间越少,它用于其他物质的生产或精神的生产的时间就越多。在农业劳动生产率低下的条件下,人类必须把自己的全部劳动都投入到农业中去,但是随着农业生产力的发展,当农业能够提供剩余产品时,其他生产部门得以从农业中分离出来,成为独立的生产部门。可以说,农业越发达,农业劳动生产率越高,从事农业以外生产和其他活动的人就会越多。因此,马克思和恩格斯认为提高农业劳动生产率有利于加快农业人口向非农产业和城市转移的速度,促进产业分工,而工业的快速发展也需要农业具有较高的生产率并且能够提供足够的农业产品。

超过劳动者个人需要的农业劳动生产率首先是资本主义生产的基础。马克思指出:"如果一个人在工作日内,不能生产出比每个劳动者再生产自身所需要的生活资料更多的生活资料,在最狭窄的意义上说,也就是生产出更多的农产品,如果他全部劳动力每日的耗费只够再生产他个人需要所不可缺少的生活资料,那就根本谈不上剩余产品,也谈不上剩余价值。"②这意味着只有劳动者每日生产的农产品超过其所需,才能产生剩余产品;只有当农业劳动产生足够的生产率并提供足够的剩余产品,才使农业和工业之间的分工成为可能。③更进一步,农业劳动生产率决定着农业人口向城市和非农产业转移的速度和规模。"如果撇开对外贸易,那么很明显,从事加工工业等等而完全脱离农业的工人的数目,取决于农业劳动者所生产的超过自己消费的农产品的数量。"④因此,农业转移向工业的劳动者的速度和规模取决于农业劳动生产率。

关于农业劳动生产率的论述,马克思和恩格斯还进一步将农业劳动生产率分为劳动的自然生产率和劳动的社会生产率,并探讨了影响

---

① 《马克思恩格斯全集》第9卷,人民出版社1979年版,第347页。
② 马克思:《资本论》第3卷,人民出版社1982年版,第885页。
③ 何增科:《马克思、恩格斯关于农业和农民问题的基本观点述要》,载《马克思主义与现实》,2005年第5期。
④ 《马克思恩格斯全集》第1卷,人民出版社1960年版,第22页。

农业劳动生产率提高的因素。农业劳动自然生产率指劳动者在劳动过程中对客观存在的诸自然因素形成的自然力的利用率,而农业劳动社会生产率则指劳动者在单位时间里生产的产品量。① 根据劳动的自然生产率及社会生产率的性质差异,马克思和恩格斯在《工资、价格和利润》《资本论》和《1861—1863年经济学手稿》等著作中进一步总结了农业劳动生产率的三大影响因素:一是劳动者的天赋、技能、体力和智力等个人因素,以及与此相联系的普及教育和职业培训以提高劳动者的生产技能和平均熟练程度,增加劳动的强度等;二是劳动的自然条件,决定了劳动的自然生产率,如土地的肥沃程度、气候和光照条件等;三是劳动的社会条件的改进,影响了劳动的社会生产率,具体包括大规模的生产、资本的集中、劳动的联合、分工、机器的应用、生产方法的改良、科学的发展水平和它在工艺上应用的程度、交通运输工具、水利灌溉设施等农业基础设施的增加和改良、产权和交易的法律保障等。

(二)农业现代化思想

马克思、恩格斯在对资本主义产生、发展规律的研究中表达了其农业现代化思想,他们以15世纪到19世纪中后期欧美国家从传统农业转型为现代化农业的历史和实证为蓝本,考察了农业现代化道路的发展规律,同时对农业发展的未来社会主义前景做了展望。马克思和恩格斯认为西方农业现代化就是农业资本主义化,农业商品化即农业现代化的第一步,资本逐利的特性是西方农业现代化的推动力;而社会主义农业现代化同样也是建立在先进生产力之上,但构建了比资本主义农业现代化更先进的生产关系。

1. 农业商品化是农业现代化的第一步

农业社会是自然经济占主导地位的社会。农业社会中,农业是决定性的生产部门,家庭手工业劳动和城市作坊手工业劳动是农业的副

---

① 王树林:《劳动的社会生产率与劳动的自然生产率——关于提高农业劳动生产率的一点意见》,载《经济研究》,1982年第3期。

业，农产品甚至代表土地所有者收入的那部分农产品也只有很小的部分进入流通过程，农业生产的目的主要是供生产者和土地所有者消费而非用于交换，家庭或家庭集团既从事农业和畜牧业，又从事各种手工业劳动，从而实现自给自足，生产力水平低下，交换和市场范围狭小。农业生产者对土地所有者处于人身依附地位，后者依靠经济强制手段来攫取徭役地租、实物地租等。[①] 资产阶级革命使人身获得自由，解除了农业生产者对土地所有者的依附状态，同时使土地成为可以自由买卖的商品，促进了土地、资本、劳动力等生产要素的自由流动，推动农业产业化发展和农产品市场的完善。农业的商品化和市场化的过程便是农业现代化的过程。可以说，农业现代化的第一步就是农业商品化，是农业中的商品经济代替自然经济。

2. 农业资本化推动农业现代化进程

农业的现代化过程实质上就是农业的商品化过程和农业走向市场的过程，农业资本化和企业化必然促使农产品的商品率和市场竞争力不断提高，从而推动农业现代化进程。首先，农业商品化产生了农业企业家阶级，企业家追逐农业利润的过程与其追逐工业利润的过程一致。资本为了追逐利润而提高农业生产率，促使其个别农业生产率高于社会平均而获得更高利润。其时，农业工业化成为农业生产力发展、提高农业生产率的巨大推力，"大工业把巨大的自然力和自然科学并入生产过程，必然大大提高劳动生产率"[②]。其次，工业科技在农业中的应用加速了小规模土地所有制转向大农业的过程。"小块土地所有制按其性质来说排斥社会劳动生产力的发展、劳动的社会形式、资本的社会积聚、大规模的畜牧和科学的累进的应用。高利贷和税收制度必然到处使这种所有制陷入贫困境地。资本在土地价格上的支出，势必夺去用于耕种的资本。生产资料无止境地分散，生产者本身无止境地互相分离。人力产生巨大的浪费。生产条件越来越恶化和生产资料越来越

---

① 何增科：《马克思、恩格斯关于农业和农民问题的基本观点述要》，载《马克思主义与现实》，2005年第5期。

② 马克思：《资本论》第1卷，人民出版社2004年版，第444页。

昂贵是小块土地所有制的必然规律。"①因此，西方国家的农业现代化即是农业资本主义化。该过程中，农业商品经济不断发展；在工业化机械化的推动下，农业必将走向工业化、资本化和企业化；最终，现代化大农业将取代小农经济。

3. 社会主义农业现代化设想

马克思和恩格斯运用辩证唯物主义和历史唯物主义分析资本主义社会农业现代化的发展规律，以此为基础科学预见了资本主义现代大农业将走向更高级阶段，并描绘了社会主义农业的前景。一方面，资本主义大农业发展了先进的生产力。马克思和恩格斯肯定了资本主义对农业生产力的巨大作用，认为先进农业生产力是社会主义农业的基础，是社会主义向共产主义过渡的先决条。另一方面，资本主义土地私有制制约了农业现代化走向更高级阶段的进程。由于生产力和生产关系的矛盾，形成了对现代化进程的障碍，表现为异化劳动、世界性的经济危机、阶级斗争，即出现西方现代文明中"科技及工业进步"与"现代的贫困和颓废"同时并存的现象。因此，资产阶级社会必将让位一个更为高级的社会，这个社会能通过建立更先进的生产关系更有效地利用并促进现代的生产力②；资本主义农业现代化也必将被社会主义农业现代化所取代，后者同时建立了大机器工业基础上的先进生产力和先进的土地社会所有制。

（三）农民在革命中的重要作用和工农联盟思想

马克思和恩格斯阐述了农民的阶级属性及其在革命中的重要作用：第一，农民具有小资产阶级和无产阶级的两重阶级属性，作为私有者的农民原本属于小资产阶级，但最终会沦落为无产阶级；第二，农民对于无产阶级革命具有积极和消极的双重作用，其历史命运、政治地位和思想品格决定农民并非无产阶级革命的倡导者和领导者，但必定

---

① 马克思：《资本论》第3卷，人民出版社2004年版，第912页。
② 樊欣：《社会主义新农村的理论渊源——马克思恩格斯农业思想的解析》，载《学术交流》，2007年第5期。

是无产阶级革命的重要同盟者。①

1. 农民具有小资产阶级和无产阶级的两重阶级属性

马克思、恩格斯深入地研究了农民在整个国家中的社会地位和阶级特点,阐明了农民对革命的态度。1848年,马克思在《共产党宣言》中论述无产阶级的形成时,将包括农民在内的资产阶级和无产阶级以外的群体称为"中间等级","中间等级"群体由于缺乏经营大工业的资本,经不起资本市场的激烈竞争,或者其手艺被新的生产方法所淘汰,而逐渐沦落为无产阶级。②作为"中间阶级"下层的农民,即便是反抗资本主义斗争的农民也并不真正具备无产阶级的革命性:"农民是私有者,不属于无产阶级;即使在客观上他们具备了无产阶级的特性,在主观上他们也不会自觉地认同自身的无产阶级属性"③。作为"中间阶级"的农民,其阶级属性和立场是变化的:农民可能的革命性,主要是从他们行将转入无产阶级的队伍来说的,这样,他们就不是维护目前的而是将来的利益,他们就离开原来的阶级立场进而站在无产阶级的立场上来。④可以看出,马克思认识到农民具有小资产阶级和无产阶级的两重属性,而且这两种阶级属性在生产经营的过程中会发生此消彼长的变化:小资产阶级的属性逐渐消除,无产阶级的属性逐渐滋生。⑤农民的两重阶级属性决定了当革命符合农民利益时,他们会加入到革命队伍中来,成为参与革命的重要群体。正如恩格斯强调农民在社会发展进程中的历史性作用,指出"农民到处都是人口、生产和政治力量的重要的因素"⑥,"革命对他们每个阶级都有利,因此可以预料,一旦运动全面展开,他们就会一个跟着一个参加进来"⑦。

---

① 肖富群,邓然:《论马克思的农民问题思想》,载《山西师大学报》(社会科学版),2015年第42卷第6期。
② 马克思、恩格斯:《共产党宣言》,人民出版社1964年版,第31页。
③ 马克思:《巴枯宁"国家制度和无政府状态"一书摘要》,人民出版社1965年版,第39页。
④ 马克思、恩格斯:《共产党宣言》,人民出版社1964年版,第34页。
⑤ 肖富群,邓然:《论马克思的农民问题思想》,载《山西师大学报》(社会科学版),2015年第42卷第6期。
⑥ 《马克思恩格斯全集》第22卷,人民出版社1965年版,第565页。
⑦ 《马克思恩格斯选集》第1卷,人民出版社1972年版,第507页。

2. 农民是无产阶级革命需要争取的重要力量

马克思、恩格斯肯定农民阶级在革命中具有积极作用的同时，也指出了他们的局限性。一方面，农民难以避免最终沦为无产阶级，但无法成为无产阶级革命的中坚力量。在社会地位上，当"资本主义经济在农村日益发展，农民被日益消灭"，社会地位降到了最底层，最终"变成无产阶级"[1]；然而，农民由于其群体内部组成的复杂性及其落后性和保守性，"根本没有能力首倡革命"[2]。马克思曾在《路易·波拿巴的雾月十八日》中精辟地分析了小农的阶级特点及未来命运，认为自给自足的特点使得各个小农之间相互隔离，具有分散性和被动性，由于他们之间并不能形成密切的联系，因而不可能发动独立的阶级运动。另一方面，虽然农民的历史地位和政治地位存在局限性，但农民仍然是无产阶级革命需要争取的重要力量。由于农民同无产阶级一样都受到封建势力和资产阶级的剥削，所以他们应当向无产阶级靠拢。马克思进一步指出："农民就把负有推翻资产阶级制度使命的城市无产阶级看作自己的天然同盟者和领导者。"[3]因此，农民只有在无产阶级的领导下同落后阶级作斗争，推翻封建势力和资产阶级的统治才能走向彻底解放的唯一出路。

3. 实现工农联盟是无产阶级革命成功的重要条件

无产阶级革命要推翻资本主义的统治，建立无产阶级专政，实现共产主义，但单单依靠作为革命主体的无产阶级是不行的，必须吸引其他遭受压迫的群体到革命中来。因而无产阶级与农民同作为受资产阶级压迫的群体，二者走向联合，实现工农联盟是无产阶级革命成功的重要条件："法国农民一旦对拿破仑帝制复辟感到失望，就会把对于自己小块土地的信念抛弃；那时建立在这种小块土地上面的全部国家建筑物都将会倒塌下来，于是无产阶级革命就会形成一种合唱，若没

---

[1]《马克思恩格斯全集》第23卷，人民出版社1972年版，第793页。
[2] 马克思：《1848年至1850年的法兰西阶级斗争》，人民出版社1965年版，第119页。
[3]《马克思恩格斯选集》第1卷，人民出版社1972年版，第697页。

有这种合唱,它在一切农民国度中的独唱是不免要变成孤鸿哀鸣的"。①不仅无产阶级需要获得占人口大多数的农民的支持,以取得革命的成功,而且农民也需要依靠无产阶级来实现自己的利益:"农民所受的剥削和工业无产阶级所受的剥削,只是在形式上不同罢了。剥削者是同一个:资本……农民的所有权是资本迄今为止用来支配农民的一种符咒;是资本用来唆使农民反对工业无产阶级的一个借口。只有资本的瓦解,才能使农民地位提高;只有反资本主义的无产阶级的政府,才能结束农民经济上的贫困和社会地位的低落。"②当农民的利益和资本家的利益相对立的时候,"农民就把负有推翻资产阶级制度使命的城市无产阶级看作自己天然的同盟者和领导者。"③

(四)农业合作化思想

农业合作化道路是社会主义社会化生产的发展方向。马克思认为,随着资本主义社会化大生产的迅速发展,小农经济必然不断分化瓦解,使得大多数农民陷入贫困破产的边缘,传统的农业生产不是被资本主义社会化大生产所取代,就是被社会主义社会化大生产所取代。因此,马克思认为以分散经营为代表的小农经济在机器大工业时代发展过程中终将退出历史舞台。恩格斯在论述社会党夺取政权的方式时进一步提出,"这个政党应当首先从城市跑到农村,应当成为农村中的力量"④,引导农民走上农业社会主义改造的道路,建立工农联盟。

1. 农业社会主义改造思想促进社会主义农业现代化的实现

马克思强调农业的社会主义改造对促进社会主义农业现代化的重要作用,并提出了农民通过建立新的生产组织实现农业的社会主义改造。马克思提出:"历史的教训(这个教训从另一角度考察农业时也可以得出)是:资本主义制度同合理的农业相矛盾,或者说,合理的农业同资本主义制度不相容(虽然资本主义制度促进农业技术的发展),

---

① 《马克思恩格斯选集》第1卷,人民出版社1972年版,第701页。
② 《马克思恩格斯全集》第1卷,人民出版社2012年版,第526页。
③ 《马克思恩格斯全集》第1卷,人民出版社2012年版,第766页。
④ 《马克思恩格斯选集》第4卷,人民出版社2012年版,第356页。

合理的农业所需要的，要么是自食其力的小农的手，要么是联合起来的生产者的控制。"①表明社会主义农业现代化必须解决资本主义现代农业自身存在的生产关系与生产力之间的矛盾，从而需要建立"合理的农业"。合理的农业意味着农业需要向农业的社会化经营发展，途径是农业的社会主义改造。要进行农业的社会主义改造，马克思指出需要利用"经济的道路"："无产阶级夺取政权后，一开始就应该促进土地私有制向集体所有制的过渡，让农民自己通过经济的道路来实现这种过渡。"②马克思进一步解释实现集体所有制的"经济的道路"，即"以自由的联合的劳动条件去代替劳动受奴役的经济条件，只能随着时间的推进而逐步完成（这是经济改造）；他们不仅需要改变分配，而且需要一种新的生产组织"③，表明通过建立"新的生产组织"来实现"自由的联合"劳动，以促进农民的解放、土地集体所有制进程的观点。

2. 农业合作化是农业社会主义改造的有效途径

农业合作化是解放农民，帮助农民摆脱贫困的有效途径，有利于促进农业的社会主义改造。恩格斯在《法德农民问题》的著述中论述了农业合作社的问题，对于小农"首先把他们的私人生产和私人占有变为合作社的生产和占有——把各小块土地结合起来并且在全部结合起来的土地上进行大规模经营"④提出了通过发展"合作社"来改造传统的小农经济，将传统的小农经济引导到集体经济的发展道路上的设想。对于通过农业合作化改造传统小农经济的设想，恩格斯主张采取和平、资源、教育、帮助、逐步过渡的方式："当我们掌握了国家权力的时候，我们绝不会用暴力去剥夺小农（不论有无报酬，都是一样），像我们将不得不如此对待大土地占有者。我们对于小农的任务，首先是把他们的私人生产和私人占有变为合作社的生产和占有。但不是采用暴力，而是通过示范和社会帮助。"⑤实际上，根据小农特点，恩格斯

---

① 马克思:《资本论》第3卷，人民出版社2004年版，第137页。
② 《马克思恩格斯选集》第2卷，人民出版社1972年版，第635页。
③ 《马克思恩格斯选集》第4卷，人民出版社1995年版，第98页。
④ 《马克思恩格斯选集》第4卷，人民出版社1995年版，第498页。
⑤ 《马克思恩格斯选集》第4卷，人民出版社1972年版，第314页。

提出了无产阶级夺取政权后引导小农走上合作化道路的三条重要原则：第一，自愿原则。恩格斯始终认为不能强迫小农参加合作社，这样只会降低人们的生产积极性，应该通过宣传教育的办法，使小农认识到只有合作社的生产方式才能提高他们的劳动生产率，从而改善生活条件。第二，示范原则。通过一些合作社的发展，树立典型，体现出合作社的优越性，从而吸引更多的小农加入进来，自觉自愿地走互助合作化道路。第三，国家帮助原则。恩格斯强调无产阶级国家要慷慨地对待农民，在财政和物资等方面给予大力的帮助，而国家在这方面牺牲一些社会资金是很有必要的。

（五）城乡一体化思想

马克思、恩格斯认为农业在整个国民经济中起着基础性作用，超出劳动者需要的农业劳动率是一切社会的基础。农业生产率的提高产生了农业和工业的巨大分工，并造成了城乡的分离，形成了城乡关系。城乡关系影响着社会发展的全局，马克思在《哲学的贫困》中指出："城乡关系的面貌一改变，整个社会的面貌也跟着改变。"[①]

1. 城乡分离是社会分工和生产力发展的结果

城乡分离的过程实质上是资本主义城市形成和发展的过程，及城市化的过程。城市和乡村都是一定历史的产物，农业生产率的提升导致的社会分工是城乡分离的历史前提。[②]"一个民族内部的分工，首先会引起工商业劳动和农业劳动的分离，从而也就引起城乡的分离和城乡利益的对立"[③]，而且，"物质劳动和精神劳动的最大的一次分工，就是城市和乡村的分离，城乡之间的对立是随着野蛮文明过渡、部落制度向国家过渡、地方局限性向民族过渡开始的，它贯穿着全部文明的历史并一直延续到现在"[④]。城乡分离是人类社会进步的表现，"（资产

[①] 《马克思恩格斯全集》第4卷，人民出版社1995年版，第179页。
[②] 陈伟东、张大维：《马克思恩格斯的城乡统筹发展思想研究》，载《当代世界与社会主义》，2009年第3期。
[③] 《马克思恩格斯选集》第1卷，人民出版社1995年版，第68页。
[④] 《马克思恩格斯全集》第3卷，人民出版社1975年版，第56—57页。

阶级）它创立了巨大的城市，使城市人口比农村人口大大增加起来，因而使很大一部分居民脱离了农村生活的愚昧状态。"①因此，城乡分离的过程伴随着生产力的提升和城市化的过程，城市的发展促进了科技文化的进步，从而推动了近代文明的发展。与此同时，城乡分离过程中不同劳动分工和生产关系之间的矛盾造成了城乡对立。马克思指出："城乡之间的对立是随着野蛮向文明的过渡、部落制度向国家的过渡、地方局限性向民族的过渡而开始的，它贯穿着全部文明的历史并一直延续到现在。"②由此看出，城乡对立的状态随着社会形态的发展而变化，资本主义社会使城乡对立尖锐化，逐渐成为一大社会矛盾。然而，"资本主义社会不仅不能消除这种对立，反而不得不使它日益尖锐化。"③因此，城乡分离是在生产力发展、社会形态演进过程中的必然结果，资本主义社会中的城乡分离既有利于人类文明的发展，又面临着城乡对立尖锐化的矛盾。

2. 城乡一体化是消灭城乡对立的有效方式

马克思和恩格斯都十分关注城乡对立的问题，并认为城乡一体化是消灭城乡对立的有效方式。首先，消除城乡对立是必要的。马克思和恩格斯指出："消灭城乡之间的对立，是社会统一的首要条件之一。"④消除城乡对立是解放无产阶级和解放全人类的必要条件，"只有在消除城乡对立后才能从他们以往历史所铸造的枷锁中完全解放出来，这完全不是空想。"⑤其次，城乡统筹发展是可能的。资本主义发展一方面加剧了城乡对立矛盾尖锐化，另一方面城乡对立的矛盾又孕育着新的消除城乡对立的新社会的可能性，此外，"资本主义生产方式同时为一种新的更高级的综合，即农业和工业在它们对立发展的形式基础上的联合，创造了物质前提。"⑥再次，工农融合是实现城乡一体化的重要

---

① 《马克思恩格斯全集》第4卷，人民出版社1995年版，第159页。
② 《马克思恩格斯全集》第18卷，人民出版社1995年版，第57页。
③ 《马克思恩格斯全集》第18卷，人民出版社1995年版，第57页。
④ 《马克思恩格斯全集》第3卷，人民出版社1956年版，第57页。
⑤ 《马克思恩格斯选集》第3卷，人民出版社1995年版，第215页。
⑥ 《马克思恩格斯全集》第23卷，人民出版社1972年版，第552页。

方式。马克思认为农村工业化是实现城乡一体化的先决条件之一,应当从工农融合的角度去消灭城乡差别,他指出:"把农业和工业结合起来,促使城乡之间的差别逐渐消灭。"①恩格斯则在《反杜林论》中提到:"消灭这种对立日益成为工业生产和农业生产的实际要求。""……只有使人口尽可能地平均分布于全国,只有使工业生产和农业生产发生密切的内部联系,并使交通工具随着由此产生的需要扩充起来——当然是以废除资本主义生产方式为前提,——才能使农村人口从他们数千年来几乎一成不变地栖息在里面的那种孤立和愚昧的状态中挣脱出来。"②也就是说,当废除了资本主义生产方式,伴随着工业化的进程,能够提供较为丰富的物质条件,于是农民向非农产业和城镇转移,乡村日益工业化、城镇化,从而为消灭城乡对立和差别提供现实可能性。最后,通过实现城乡一体化来消除城乡对立,意味着城乡会在更高级的形态上实现融合。即"从事农业和工业劳动的将是同样的一些人,而不再是两个不同的阶级"③,形成消灭了阶级分化的新的统一体。

二、列宁关于"三农"问题的思想

农业、农村和农民问题三者相互交织,贯穿于俄国革命和建设历程的始终,是俄国社会变革与发展所必须面对的重大现实问题。列宁高度重视"三农"问题的解决,他对"三农"问题的考察发端于十月革命前对资本主义农业生产方式的分析,完成于新经济政策时期对农业生产合作制与农业市场化的研究,逐步形成了涵盖农业合作社、土地所有制、粮食安全、农业技术、农产品贸易、农村社会、城乡关系、工农关系、农民阶级性和农民发展等领域的思想理论体系。

---

① 马克思、恩格斯:《共产党宣言》,人民出版社1997年版,第49页。
② 《马克思恩格斯选集》第2卷,人民出版社1972年版,第542页。
③ 《马克思恩格斯选集》第1卷,人民出版社1972年版,第223页。

（一）列宁关于农业问题的主要思想

1. 农业是国民经济的基础

十月革命胜利后，列宁认识到，在经济落后的无产阶级专政国家，农业不仅是巩固社会主义制度的经济基础，更是振兴国民经济、协调工农业关系和保证大工业发展的必要条件。因此，稳固和发展农业生产、提高农业生产率成为俄国国家发展的关键任务，列宁指出："一切政治问题就都集中到了一个方面，就是无论如何要提高农业生产率。农业生产率的提高必定带来工业情况的改善，因而也会改善对农民经济的供应——日用品和生产工具、机器的供应，没有这些，工农群众的生活就不可能有保障。"① 在巩固农业的基础性地位、提高农业劳动生产率方面，列宁具有深刻的认识。他指出，农业作为吸收工业品的市场，既是原料和粮食的供应方，也是为满足国民经济需要而出口物资的后备来源；对于俄国而言，国家内外政策的首要问题是农业发展问题，一切政治问题都集中到提高农业生产率上面，这是社会主义国家的一项根本任务。

2. 粮食安全是国家安全的基础

列宁指出，粮食问题是一切问题的基础，没有粮食就没有国家政权，"我们正在向社会主义过渡，最重要的问题——粮食问题、劳动问题——不是个人的问题，不是企业主的私事，而是整个社会的问题"②。粮食安全是保障国家安全的基础，俄国只有真正拥有充足的粮食储备，才能在经济上站稳脚跟，从而恢复大工业的稳步发展。因此，国家掌握必要数量的粮食储备是夯实根基和振兴工业之本。在粮食政策方面，俄国坚持巩固和发展国家垄断，同时也允许在苏维埃政权监督下，利用合作社和私商或商业职员实行奖励制度。列宁指出："俄共坚持要巩固和发展国家垄断，同时……采取的部分让步纯粹是出于万不得已，而且国家决不会因为这种让步而放弃实行垄断的坚定意向。在一个小

---

① 《列宁全集》第42卷，人民出版社1987年版，第284页。
② 《列宁专题文集——论无产阶级政党》，人民出版社2009年版，第242页。

农经济的国家中，实行国家垄断是很困难的，需要进行长期的工作和一系列过渡措施的试验，目的是通过各种不同的途径普遍地组织生产消费公社并正确地发挥它们的作用，把一切余粮交给国家。"①

1918年8月，全俄普遍出现粮食种子不足的情况，为确保国家储备一定数量的粮食种子。列宁指出，由于粮食供应极为紧张，人们有可能将种子吃光，所以必须抢救种子，将种子拿到公共仓库里去，同时应当向农民保证并使他们相信，这些种子在春播时一定会合理地分配给农民，而当前则一定要使播种所需要的种子由国家来保管。在保证粮食种子的同时，列宁通过改进农业生产技术以提高粮食产量，他提出："最好把全部力量集中在最紧迫的工作上，即无论如何要收集到足够数量的种子，保证播种计划的完成，在劳动农民即贫苦农民和中农人数最多的地方开始大规模地推广已试验过的改进农业的措施。"②

3. 上层建筑变革推动农业生产发展

为巩固农业在国民经济中的基础性地位，提高劳动生产率，增加粮食产量，列宁在俄国推行了一系列新政策举措和体制机制变革。

第一，奖励政策和体制改革并举，充分调动农民生产积极性。1920年12月，全俄苏维埃第八次代表大会讨论了国家机关对农民进行物质奖励的问题。列宁在会议上强调："现在我国有2000万个体农户，都是单个经营，并且也不可能用其他方式经营；如果我们不通过奖励去提高他们的生产率，那就根本错了，那显然太过分了，是不愿看到我们应当加以考虑、应当作为依据的显而易见的现实。"③列宁提出，可以奖给农民生产资料，比如，用来扩大生产和改进生产的工具、机器；也可能奖给他们消费品，比如，用来改善他们家庭生活的日用品。另一方面，1921年春，俄国以新经济政策代替战时共产主义政策，列宁通过有效的体制改革调动农民生产积极性。由于长期实行的战时共产主义政策以侵害农民利益为代价，严重挫伤了农民的生产积极性。而

---

① 《列宁专题文集——论无产阶级政党》，人民出版社2009年版，第201页。
② 《列宁全集》第40卷，人民出版社1986年版，第178页。
③ 《列宁全集》第40卷，人民出版社1986年版，第183页。

新经济政策通过实行粮食税制和恢复自由贸易，极大改善了农民的生产条件和生活状况，充分调动了农民生产动力。对此，列宁指出："首先必须采取紧急的、认真的措施来提高农民的生产力。要做到这点，就非认真改变粮食政策不可。这种改变就是用粮食税来代替余粮收集制，而这种代替是与交完粮食税之后的贸易自由，至少是与地方经济流转中的贸易自由相联系的。"①

第二，实行利于农业科技的政策改革，以技术创新激发农业生产力。为推动小农经济向现代农业转变，列宁推行了一系列提高农业科技水平的举措。其一，发展社会主义大工业。"没有高度发达的大工业，那就根本谈不上社会主义，而对于一个农民国家来说就更是如此。"②其二，发展交通运输。俄国农村经济和技术落后的一个重要原因就是农村"到处都是羊肠小道"，落后的交通条件把农村与铁路隔离开来，即和联结文明、联结资本主义、联结大工业、联结大城市的物质脉络隔离开来。③其三，实行租让制，吸引外国资本。列宁提出实行租让制，即以获取一定物质利益为条件，把一些土地和资源出租给国外资本家开发，从而引进国外资金和先进农业技术。其四，合理布局工业。列宁认为应加强农村工业建设，在适宜的农村地区兴办木材加工业、采矿业、冶炼业等工厂，以增强农村地区经济动力。其五，实现农业机械化，合理分配新机械。新机械在农业生产中的应用将极大改善农业生产条件，提高农业生产能力。列宁特别关注分配农业机械的原则并提出："分配农业机械等的基本原则应当是，既要首先保证有利于农业生产，有利于全部土地的耕作和农业生产率的提高，又要对贫苦的劳动农民优先供应农业机械等。"④

4. 农业集约化是现代农业的重要标志

列宁通过批判资产阶级学者对农业规模的错误衡量方式，指明了

---

① 《列宁全集》第41卷，人民出版社1986年版，第207—208页。
② 《列宁全集》第41卷，人民出版社1986年版，第301—302页。
③ 《列宁选集》第4卷，人民出版社2012年版，第509页。
④ 《列宁全集》第34卷，人民出版社1985年版，第222页。

农业集约化生产的合理性与必然性，提出社会主义农业发展的方向是要形成集体的、集约化农业。对于农业规模或农场规模的衡量，资产阶级学者以土地面积作为判别标准，这种划分方法的缺点是："它根本没有考虑到农业集约化的过程，没有考虑到以牲畜、机器、改良种子和改进耕作方法等形式投入单位面积土地上的资本的增长。"① 而这正是农业发展的主要特点。列宁认为唯一正确的结论是按产值来衡量农场规模，他强调："土地面积只能间接地证明农场的规模，而且农业集约化发展得愈广泛，愈迅速，这种'证明'就愈不可靠。农场的产品价值则是直接地而不是间接地证明农场的规模，并且在任何情况下都能证明。"② 列宁明确地表达了农业集约化生产是现代农业的最重要标志。集约化耕种"不是靠扩大耕地的面积，而是靠提高耕作的质量，靠增加对原有面积的土地的投资"③，即"更多地使用人造肥料，改良和更多地使用农具和机器，更多使用雇佣劳动"，"逐步走向更高级的耕作制度"④ 等。而"关于肥料费、农具和机器价值的材料，可以作为说明农业集约化程度的最准确的统计数字"⑤。从而，列宁进一步提出了农业集约化经营的一系列举措：实施轮作制度、推广新农业机械、规模化种植与精耕细作并举、施用人造化肥和农药等。

5. 以合作制推动农业生产集体化

俄国农业以小农经济为主要特征，一方面这种分散化耕作方式难以满足农业生产的集体化需要；另一方面，社会主义公有制的实现又必须以社会化大生产取代小农经营为前提条件。因此，创建农业生产合作社成为小农改造的主要途径。首先，合作社具有联合性。它从信贷、生产、流通、销售等方面把个体农业联合起来。其次，合作社具有灵活性。它可以容纳不同水平、不同层次、不同规模的农村经济。最后，合作社具有可行性。合作社根据自愿原则和经济利益原则把农

---

① 《列宁全集》第27卷，人民出版社1990年版，第192页。
② 《列宁全集》第27卷，人民出版社1990年版，第204页。
③ 《列宁全集》第27卷，人民出版社1990年版，第203页。
④ 《列宁全集》第27卷，人民出版社1990年版，第194页。
⑤ 《列宁全集》第27卷，人民出版社1990年版，第174页。

民组织起来，农民按需加入一个或者多个合作社。①国家通过建立生产合作社，使小农放弃私有制而走上集体经济道路，实现对传统农业的改造。正如列宁指出："以共产主义的精神指导合作社，发挥参加合作社的劳动居民的主动性和纪律性，力争使全体居民都加入合作社，并使这些合作社合并为一个自上而下全国统一的合作社……最主要的，是要始终保证无产阶级对其他劳动阶层的影响占有优势……以促进和实现从旧的资本主义类型的小资产阶级合作社向无产者和半无产者所领导的生产消费公社的过渡。"②

俄国的合作化有巨大的、不可估量的意义，对于合作社的重要功用，列宁强调："由于我们国家制度的特点……在我国的条件下合作社往往是同社会主义完全一致的。"③"从实质上讲，在实行新经济政策的条件下，使俄国居民充分广泛而深入地合作化，这就是我们所需要的一切……是建成社会主义社会所必需而且足够的一切。"④正是基于对农业集体化的深刻认识，列宁为俄国选择了农业合作制的道路，他提出俄国"要是完全实现了合作化……也就在社会主义基地上站稳了脚跟"⑤。列宁认为，合作社制度是俄国农村经济社会发展的根本道路，全体农民参加了合作社就意味着社会主义在俄国成为现实。但是，值得注意的是，列宁这里所说的合作社，仍然是一种商品交换的组织。这样的合作社，合作化的程度较低，可以为广大农民群众所接受，并且可以逐步培养农民群众集体生活的习惯，以便于在条件成熟的时候过渡到集体生产的组织形式上。⑥

6. 农业商品化和市场化

列宁指出，商品化是资本主义农业的主要特征。与自然经济的农业不同，资本主义农业以商品的生产、无限制追求利润为目的，商业

---

① 王丰：《列宁关于社会主义农业发展的论述及其当代价值》，载《当代世界与社会主义》，2016年第5期。
② 《列宁专题文集——论无产阶级政党》，人民出版社2009年版，第199页。
③ 《列宁全集》第43卷，人民出版社1987年版，第366页。
④ 《列宁专题文集——论社会主义》，人民出版社2009年版，第349页。
⑤ 《列宁全集》第43卷，人民出版社1987年版，第367-368页。
⑥ 俞良早：《论列宁发展俄国农村和农业的重要思想》，载《马克思主义研究》，2006年第8期。

性农业的"基本特点是农业越来越带有商业的即企业的性质"①。这主要表现在农业"内部社会分工日益发展；工商业人口增加了；农业人口分化为农村企业主和农村无产阶级；农业本身越来越专业化，因而为销售而生产的粮食数量的增长，要比全国生产的粮食总量的增长快得多"②。商品化农业的发展必然推动农业生产市场化。商业性农业所经营的对象是农产品，农业市场化则进一步强化了农业的服务功能。列宁依据市场关系运行模式为农业市场化找到了合理途径：第一，鼓励农民参加合作社商品流转。第二，农业企业应该拥有从事生产经营活动的全部权利，即在生产、销售、投资等方面拥有广泛的自主权，使它们在生产经营活动方面具有独立性、主动性和积极性。第三，国家要注重培育国内农业商品市场。第四，农业经营要"严格按照商业原则经营"③，包括竞争原则、自由让渡原则、合理比价原则、核算原则、效益原则和盈利原则。④

（二）列宁关于农村问题的主要思想

1. 城乡二元结构的产生原因及解决途径

列宁在考察俄国资本主义发展的过程中揭示了城乡差别产生的原因及解决途径。在一定的历史阶段中，城市与农村之间会存在经济上的差异，从而产生经济上的二元结构，列宁认为主要有以下几个原因：第一，土地在农业中作为生产工具起作用，而在工业中土地只是作为"地基"和"场地"起作用。由于土地的不可移动性，导致农业具有"地方的闭塞性和狭隘性"⑤；而工业和其他非农产业则不局限于土地，可以在地域之间流动，从而享受经济上的规模效应和集聚效应。⑥第二，随

---

① 《列宁全集》第3卷，人民出版社1986年版，第278页。
② 《列宁全集》第3卷，人民出版社1986年版，第222-223页。
③ 《列宁全集》第51卷，人民出版社1988年版，第98页。
④ 王丰：《列宁关于社会主义农业发展的论述及其当代价值》，载《当代世界与社会主义》，2016年第5期。
⑤ 《列宁全集》第3卷，人民出版社1984年版，第282页。
⑥ 邢艳琦：《列宁、斯大林关于农业和农民问题的基本观点述要》，载《马克思主义与现实》，2005年第5期。

着劳动分工和商品经济的发展,工业部门和原料加工业逐渐脱离农业而独立存在,从而造成工农业之间的差别。第三,在工业化进程中,农村剩余劳动力被吸纳到城市工业中,伴随城市的壮大和新工业中心的崛起,农村地区和农业经济面临城市化和工业化带来的新挑战。列宁研究发现,在资本主义的发展中,农业随时随地落后于商业和工业,始终从属于它们并受它们剥削,只能在工业化发展后期被它们引上资本主义生产道路。因此,列宁指出:"资本主义随时随地都意味着:工商业的发展比农业迅速,工商业人口增加较快,工商业在整个社会经济制度中的比重和作用较大。"① "工业中心的形成、其数目的增加以及它们对人口的吸引,不能不对整个农村结构产生极深远的影响,不能不引起商业性的和资本主义的农业的发展。"②

在缩小城乡差距、消灭工农差别方面,列宁深刻认识到其任务的艰巨性和长远性,"消灭工农之间的差别,使所有的人都成为工作者。这不是一下子能够办到的。这是一个无比困难的任务,而且必然是一个长期的任务。"③ 为此,列宁探讨了几种可能的解决途径:第一,人口的迁移与自由流动。列宁断言,这种人口的迁移和自由流动"不仅给工人本身带来'纯经济上的'益处,而且一般说来应当认为是一种进步现象","因为他们所去的地方工资较高,在那里他们当雇工的境况较有利"④。人口迁移在提高劳动者的生活水平的同时,也促进了他们自身素质的提高,引起了社会生活方式的变革,有助于消弭城乡之间和工农业之间的差距。第二,农村人口的城市化。农村人口城市化是指在农民非农化和乡村工厂化条件下催生出来的农村人口在各方面与城市接近的一种趋势。列宁认为,外出做非农业的零工是进步的现象,进城务工有利于提高农民的文化程度和觉悟,使他们养成文明的习惯。第三,提高农民科学文化水平。列宁指出:"农村问题是我们文化建设

---

① 《列宁全集》第2卷,人民出版社1984年版,第178页。
② 《列宁专题文集——论资本主义》,人民出版社2009年版,第9—10页。
③ 《列宁专题文集——论社会主义》,人民出版社2009年版,第158—159页。
④ 《列宁全集》第3卷,人民出版社1984年版,第218—220页。

中的一个重大问题……我们对农村的全部政策归结起来就是为了这一目的。必须把城市无产者和农村贫苦农民联系起来，而且我们已经这样做了。"①列宁提出的两个划时代的任务之一就是"在农民中进行文化工作"，以提高广大农民的文化素质，从而达到缩小城乡差距的目的。

2. 通过农村文化教育提升农民文化素质

俄国农村地区文盲率极高，这种情况不仅不利于推广农业生产技术和新机械，更严重阻碍了农村社会发展和苏维埃基层政权建设。同时，农民的低文化水平也妨碍了农业合作社化的开展。因此，列宁要求开展农村文化工作，提高农民的文化水平，并在提出建立合作社的任务时明确指出："完全合作化这一条件本身就包含有农民（正是人数众多的农民）的文化水平的问题，就是说，没有一场文化革命，要完全合作化是不可能的。"②

列宁主张调动农民的积极性以开展文化工作。列宁提出城市党组织和城市文化团体需要经常下农村，促进农村的文化建设。一个做法是，在城市建立许多以帮助农村发展文化为宗旨的团体，在农村开展文化建设。③另一个做法是，使城市一些党支部与农村一些党支部之间建立固定的联系，由城市党支部帮助农村党支部加强农村文化建设。他就此提出："能不能做到把所有的城市支部都'分配'给各农村支部，使每一个'分配'给相应的农村支部的工人支部经常注意利用一切机会、一切场合，来满足自己的兄弟支部的各种文化需求呢？"④对此，列宁予以肯定并要求这样做下去。

3. 加强农村政权组织建设

俄国国内战争时期，列宁要求加强农村政权组织建设，即贫苦农民委员会。1918年6月，俄共（布）开始在农村建立贫苦农民委员会。贫苦农民委员会以乡或村为单位建立，其委员在贫苦农民以及中农中

---

① 《列宁全集》第36卷，人民出版社1985年版，第6页。
② 《列宁全集》第43卷，人民出版社1987年版，第368页。
③ 《列宁全集》第43卷，人民出版社1987年版，第358页。
④ 《列宁全集》第43卷，人民出版社1987年版，第359页。

选举产生。它的任务是：分配粮食和其他生活必需品，分配农具，协助当地粮食机关没收富农的余粮，夺取富农的超过当地平均份额的土地并进行重新分配，为红军征集志愿兵，组织文化教育工作，等等。该组织实际上是无产阶级专政在农村中的支柱，是农村苏维埃政权组织，是俄共（布）和苏维埃政权的各项政策和措施在农村得以落实的组织保证。列宁提出："为了对贫苦农民委员会的建立、组成和活动进行总的领导，特别成立一个常设会议，由粮食人民委员部代表二人和农业人民委员部代表一人组成"①，所有地方的贫苦农民委员会以及地方苏维埃机关都必须服从于该会议。②

同时，列宁在实践中看到，贫苦农民委员会只是农村苏维埃政权组织的雏形，必须对它进行改革和改组，使其成为正式的苏维埃组织。他在有关会议上的讲话中提出："我们党的中央委员会拟订了一个贫苦农民委员会的改组计划，这个计划将提交苏维埃第六次代表大会批准。我们决定，在农村中贫苦农民委员会和苏维埃不应当并存……我们要把贫苦农民委员会同苏维埃合并，使贫苦农民委员会成为苏维埃。"③此后，他的这个论断及思想在实践中得到了贯彻执行。④

（三）列宁关于农民问题的主要思想

1. 农民身份的双重性

列宁的研究表明，农民所处的地位与小资产阶级大致相同，他们一方面是劳动者，一方面又是私有者，始终在无产阶级与小资产阶级身份中徘徊。这导致农民兼具革命性与小资产阶级特性，"一方面，在贫苦农民空前贫困和破产的情况下……农民群众革命性的根基之深。另一方面……农民群众有内在矛盾的阶级结构，他们的小资产阶级性，他们内部的业主倾向与无产者倾向的对抗性。"⑤列宁指出，在一切

---

① 《列宁全集》第34卷，人民出版社1985年版，第395页。
② 俞良早：《论列宁发展俄国农村和农业的重要思想》，载《马克思主义研究》，2006年第8期。
③ 《列宁全集》第35卷，人民出版社1985年版，第175页。
④ 俞良早：《论列宁发展俄国农村和农业的重要思想》，载《马克思主义研究》，2006年第8期。
⑤ 《列宁专题文集——论资本主义》，人民出版社2009年版，第2页。

资本主义国家内，农村被剥削劳动群众有以下几个阶级：第一，农业无产阶级即雇佣工人，他们靠受雇于资本主义农业企业来获得生活资料。第二，半无产者或小块土地农民，他们一方面依靠在资本主义农业企业或工业企业中出卖劳动力，另一方面依靠在仅能给他们家庭生产一部分食物的小块私有的或租来的土地上耕作来获得生活资料。第三，小农拥有自己的或租来的一块不大的土地，可以应付他们全家以及经营上的需要，并不另外雇佣劳动力。① 通过对农民身份双重性的讨论，列宁进一步揭示出潜藏在农民身份矛盾之中的阶级斗争本质。指出："革命……将揭示出各个社会阶级的真实本性……农民具有资产阶级民主主义的革命性，但潜藏在它内部的，并不是'社会化'的思想，而是农民资产阶级和农村无产阶级间的新的阶级斗争。"②

2. 结成工农联盟的必要性

列宁提出，社会主义革命中最重大最根本的问题就是工人阶级同农民的关系问题，工人阶级和农民必须结成牢不可破的联盟。只有建立工农联盟"才能清除万恶的资本主义社会的这些残余……这是唯一走向社会主义胜利的道路，社会主义胜利的保障，战胜一切剥削和一切贫困的保障"③。一方面，列宁对工农联盟中的农民作了详细探讨。他指出，中农问题是工农联盟的一个重要问题，"俄共对中农的政策是逐步地有计划地吸引他们参加社会主义建设工作……关心他们的需要，把他们吸引到工人阶级方面来，用思想影响的办法而决不用镇压的办法来克服他们的落后性，在一切触及他们切身利益的问题上力求同他们妥协，在确定社会主义改造的方式方面向他们让步。"④ 这对于巩固工农联盟、巩固无产阶级专政、保证社会主义的胜利有极其重要的意义。同时，列宁在工农联盟政策中严格区分了对待中农与富农的不同方式，"俄共对富农即对农村资产阶级的政策是坚决反对他们的剥削意图，镇

---

① 《列宁全集》第39卷，人民出版社1986年版，第168-169页。
② 《列宁专题文集——论无产阶级政党》，人民出版社2009年版，第161页。
③ 《列宁专题文集——论社会主义》，人民出版社2009年版，第57-58页。
④ 《列宁专题文集——论无产阶级政党》，人民出版社2009年版，第211页。

压他们对苏维埃政策即社会主义政策的反抗。俄共对中农的政策是采取谨慎的态度；必须把他们同富农分开，决不能把镇压手段扩大到他们身上；中农就其阶级地位来说，在向社会主义过渡时，可以成为无产阶级政权的同盟者，或者至少是中立者。"① 另一方面，列宁向工农联盟中的工人阶级提出了忠告。他指出，如果工人阶级不能用自己的政策使一部分其他农村居民保持中立，那就不能巩固自己的胜利。工人阶级"必须有步骤有计划地在农村中进行鼓动工作……共产党在农村中的工作具有头等重要的意义。这项工作主要应当通过同农村有联系的革命的工人共产党员去进行。放弃这项工作，或者把它交给不可靠的半改良主义者，就等于放弃无产阶级革命。"②

3. 尊重农民意志

工人阶级执政党的目的是领导人民建设社会主义，由此在土地问题上必须确立集体使用土地的制度。但是，在十月革命胜利后，苏维埃政府将土地平分给了农民。可见，这种把土地平均分配给农民的措施并不符合建设社会主义的要求。然而值得注意的是，这不仅说明俄国当时直接建设社会主义的条件不成熟，更说明为了回应农民要求得到土地的迫切愿望，列宁和苏维埃政府以非社会主义的途径满足了农民的利益诉求。1918年，列宁在《庆祝十月革命一周年》的讲话中指出："土地改革是从土地社会化开始的，我们亲自举手通过了土地社会化，同时我们又公开指出它不符合我们的观点，我们知道大多数农民都主张平均使用土地，我们不愿意强迫他们。"③ "但我们还是签署了这个法令，因为我们不愿违背大多数农民的意志。对我们来说，大多数人的意志永远是必须执行的，违背这种意志就等于叛变革命。"④ 因此，工人阶级及其政党支持通过了关于土地社会化的一系列法令，是为了遵从绝大多数农民群众的意愿，或者说是为了不违背民心。当然，应该看

---

① 《列宁专题文集——论无产阶级政党》，人民出版社2009年版，第200-201页。
② 《列宁专题文集——论无产阶级政党》，人民出版社2009年版，第271页。
③ 《列宁全集》第35卷，人民出版社1985年版，第141页。
④ 《列宁全集》第35卷，人民出版社1985年版，第174页。

到土地平均使用不过是达到完全的社会主义的一种过渡办法,并不会危害社会主义事业。

4. 保障农民利益

十月革命胜利后,国家内战致使俄国陷入严重饥荒,战争前线和城市人民生活都急需粮食,由此产生了余粮收集制。在政策初始阶段,国家以纺织品、农业生产工具等同农民交换粮食,即国家从城市将纺织品、农业生产工具等运送到农村,换取农民的粮食。当时列宁提出,一定要使农民在这个活动中得到好处。1918年7月,他在全俄苏维埃第五次代表大会上的报告中指出:国家政权决定按50%的价格将纺织品卖给农民,要保证这些商品卖到农民手中,不能落到投机商手中,"一定要使贫苦农民从粮食和纺织品的分配中得到好处,这是世界上任何一个共和国都没有尝试过的,而现在我们正尝试着这样做"①。1919年3月,列宁在俄共(布)八大有关决议中提出:"社会主义国家应该大力帮助农民,主要是供给中农城市工业品,特别是改良农具、种子和各种物资,以提高农业经营水平,保证农民的劳动和生活。"② 在这里,列宁要求党的领导机关和工作者认真做到以下几点:调整农民使用的土地,消除土地零散插花和地块窄长的现象;供给农民改良的种子和人造肥料;改进农民的牲畜品种;推广农艺知识,给农民以农艺指导;由国有工厂修理农民的农具;建立农具租赁站、实验站、示范田;改良农田的土壤等。③

5. 改善农民生活

在俄国国内战争时期,苏维埃政权迫于战争形势,实行了余粮收集制和禁止自由贸易等政策,这导致俄国多地发生农民暴动事件。面对这种情况,列宁把改善人民群众的生活特别是改善农民生活作为党和国家的重大任务。列宁在《论粮食税》中指出:"1921年春天形成了这样的政治形势:要求必须立刻采取迅速的、最坚决的、最紧急的办

---

① 《列宁全集》第34卷,人民出版社1985年版,第484页。
② 《列宁全集》第36卷,人民出版社1985年版,第198页。
③ 《列宁全集》第36卷,人民出版社1985年版,第198页。

法来改善农民的生活状况和提高他们的生产力","要增加粮食的生产和收成,增加燃料的收购和运输,非得改善农民的生活状况,提高他们的生产力不可。应该从农民方面开始。"①列宁深刻意识到只有首先改善农民的生活状况,才能进一步改善全体人民群众的生活状况。此后,列宁推行了一系列以改善人民生活为导向的新经济政策,其中粮食税作为改善农民生活的措施之一,使农民能够支配纳税后余下的粮食和农副产品;恢复自由贸易则可以使农民在市场上出售自己的粮食和农副产品,购回个人以及家庭生活必需的日用品和扩大生产所必需的生产资料。因此,商品的自由流转对于农民来说是一种刺激、动因和动力②,这些举措不仅强有力地改善了农民的生活,也实现了工业经济同农民经济的结合。就此,列宁在党的十一大报告中指出:"我们的目的是恢复这种结合,用行动向农民证明,我们是从农民所理解、所熟悉、目前在他们极其贫困的境况下办得到的事情做起,而不是从在农民看来是遥远的、空想的事情做起;证明我们能够帮助农民,共产党人在眼下小农破产、贫困、挨饿的困难时刻,正在实际帮助他们。"③

---

① 《列宁全集》第41卷,人民出版社1986年版,第207页。
② 《列宁专题文集——论社会主义》,人民出版社2009年版,第210页。
③ 《列宁全集》第43卷,人民出版社1983年版,第76页。

第三章　实现农业现代化：让农业成为有奔头的产业

　　新形势下，我国粮食产量虽实现了"十二连增"，却也形成了粮价倒挂、产量库存、进口"三量齐增"的罕见现象，我国农业的深层次矛盾已由总量供给不足转为阶段性供给过剩与不足并存的结构性矛盾。2018年中央一号文件明确提出："乡村振兴，产业兴旺是重点。必须坚持质量兴农、绿色兴农，以农业供给侧结构性改革为主线，加快实现我国由农业大国向农业强国转变。"推进农业供给侧结构性改革，体制改革和机制创新是根本途径，要着力优化现代农业产业体系、生产体系、经营体系，而实施农村土地的"三权分置"改革，将进一步盘活农业农村资源要素，为培育和增强农业农村发展提供新动力。农业的出路在于现代化，作为"四化同步"的农业仍处于传统农业向现代农业转型升级的初级阶段，远远落后于工业化、信息化和城镇化，必须坚持科技兴农理念，补齐农业现代化这一短板。农业的现代化应以人为本，培育多元化农业经营主体，为农业农村发展注入新活力。绿色发展则是农业供给侧结构性改革的主攻方向，是引领农业现代化发展的重要理念。农业绿色转型发展，要调动政府、社会、生产者和消费者等各方力量共同参与，形成新时代全社会共享共建农业的共识，实现农业由"真危险"向"有奔头"转变。

一、三权分置：向农业生产适度规模经营要效益

土地制度是农村经济的根基，土地制度的选择是关系农民生计、农业发展和社会稳定的重大问题。伴随我国的工业化、信息化、城镇化和农业现代化进程，农户种粮比较收益下降，农村劳动力大量流向城镇，土地撂荒抛荒、非粮化、非农化等新问题日益突出，"两权分离"已不能有效应对当前农村土地流转、适度规模经营的现实需要。2013年7月，习近平在湖北考察时指出："深化农村改革，完善农村基本经营制度，要好好研究土地所有权、承包权、经营权三者之间的关系。"[①] 2013年12月，习近平在中央农村工作会议上提出："顺应农民保留土地承包权、流转土地经营权的意愿，把农民土地承包经营权分为承包权和经营权，实现承包权和经营权分置并行。"[②] 其后，中央多次发布文件，强调农村土地"三权分置"的主线是处理好农民与土地的关系，应在稳定农村集体所有权基础上，严格维护农户承包权，顺应农民意愿放活农村土地经营权，逐步完善"三权"的关系。2018年中央一号文件再次强调要完善农村承包地"三权分置"改革，进一步肯定了深化农村土地"三权分置"改革的重大意义，是继家庭联产承包制后农村改革之后的又一大制度创新，是农村基本经营制度的自我完善。

（一）从"两权分离"到"三权分置"：农地制度再创新

从1978年安徽凤阳小岗村率先实行大包干，到1983年底全国农村基本核算单位实行包干到户，我国建立起了统分结合、以家庭承包为主要形式的联产承包责任制。这种制度安排使得农地的集体所有权与农户承包经营权开始分离，"两权分离"的农地制度由此逐步发展和完善，并在较长时间内显示出了强大的优越性。从1982年到1986年，中央连续下发了五个"三农"一号文件，进一步放活农村、放活农民，

---

① 《习近平：坚定不移全面深化改革开放 脚踏实地推动经济社会发展》，载新华网，2013年7月23日，http://www.xinhuanet.com//politics/2013-07/23/c_116655893.htm。

② 《十八大以来重要文献选编》上，中央文献出版社2014年版，第670页。

释放出家庭经营的活力,促进了中国乡村经济的繁荣,解决了8亿农民的温饱问题。然而,随着我国农村劳动力向城镇转移的规模越来越大,承包农户外出务工增多、土地流转加快、土地融资需求扩大,农地承包主体与经营主体分离成为越来越普遍的现象,进一步明确承包权与经营权的权能划分已成为必然诉求。因此,对土地承包经营权进行再分割,实行所有权、承包权、经营权"三权分置",从而赋予经营权独立的权能,是适应我国现实需要的农地制度再创新。

1. 适应农业生产适度规模经营的现实需要

改革开放初期,我国农业领域推行家庭联产承包责任制,赋予了农民相对独立的经营权利,极大地调动了农民生产的积极性,有效推进了农业增产和农民增收。但是,随着我国工业化和城市化的推进,农民非农就业收入不断提高,而农业生产的比较收益却逐渐下降,农民农业生产意愿不强,农业粗放经营甚至是弃耕抛荒问题频发,对粮食安全造成严重威胁。同时,全球化进程的加快也对我国传统小农经营方式提出了挑战,农业生产适度规模经营是我国实现农业现代化的必然选择。我国迫切需要放活农地经营权,加快农地流转速度,转变农业经营方式,向农业适度规模经营要效益。

农业适度规模经营是加快农业机械化生产进程,推进农业产业融合的重要路径。我国农业低效益一方面来自高成本的生产方式,另一方面来自农产品的低附加值。在农业生产方式上,用现代科学技术和现代工业装备农业是改变传统农业高成本的有效方式;提高农业机械化水平对于提高土地产出率和节约成本发挥着重要作用,其中农业机械化指标在一定程度上反映了农业现代化的水平。我国大中型农机具数量2004年突破了100万台,至2015年底达到了607.29万台,比2004年增长了4.4倍[①],表明近年来我国农业机械化程度有所提高。然而,我国农地的分散化经营限制了我国农业机械化的进程,农业生产的诸多环节仍延续着高成本的生产方式。在农产品的附加值上,农产品的深

---

① 参见《中国农村统计年鉴》(2004年、2015年)。

加工能力是提高农产品价值，促进农业科技发展的重要力量，由于我国农产品产业链不完善，难以赋予我国农产品以较高的附加值。一方面，我国农产品加工率远低于发达国家，有相当一部分农产品都是以初级原料的形式供应市场，农产品的附加值未能得到体现；另一方面，据统计，我国粮食产后加工损失率达5.0%，过度加工、加工工艺落后及相关标准阻滞，致使粮食在加工过程中损失较大。[1]不仅如此，农产品加工产业的不完善还会影响农产品种植。由于农产品相关产业链的缺失，大量优质农产品的价值得不到相应的体现，进一步限制了经营者生产和创新优质特色农产品的热情，导致种植农产品的单一化和农产品的低质化。因此，无论是农业机械化的实现，还是农产品产业链的构建，均要求具备规模化的土地经营。

2. 变资源为资产，增加农民财产性收入的需要

随着工业化和城镇化快速发展，大批农村劳动力转移到二、三产业，农民家庭收入结构的多元化有效提高了农民收入。2016年农村居民人均可支配收入1236.41元，年增长率达到8.2%，然而仍与城镇居民人均收入相差近三倍。城乡一体化发展对增加农民收入、缩小城乡收入差距提出了更高要求，因此需要为农民增收培育新空间和开辟新途径。农民财产性收入是增长迅速、增长潜力巨大的收入来源。从总量来看，农民财产性收入基数过小，占农民可支配收入比重偏低。2016年，我国农村居民收入构成中工资性收入占比最大，为40.62%；其次为农业经营性收入，占比为38.35%；财产性收入仅占2.20%，同比城镇居民财产性收入在可支配收入中9.73%的占比有很大差距，因而农民的财产性收入具有巨大的上升空间。[2]从增长速度来看，我国农民财产性收入持续增长，2013—2016年农村居民人均财产性收入分别为195元、222元、252元和272元，其增长速度也表现出上升潜力，2006—2010年以及2014年、2015年，农民财产性收入增长率均高于农民纯收入的增长率，从而成为农民收入增加的新亮点（图3-1）。

---

[1] 尹国彬：《近年我国粮食产后损失评估及减损对策》，载《粮食与饲料工业》，2017年第3期。
[2] 参见《中国统计年鉴》（2016年）。

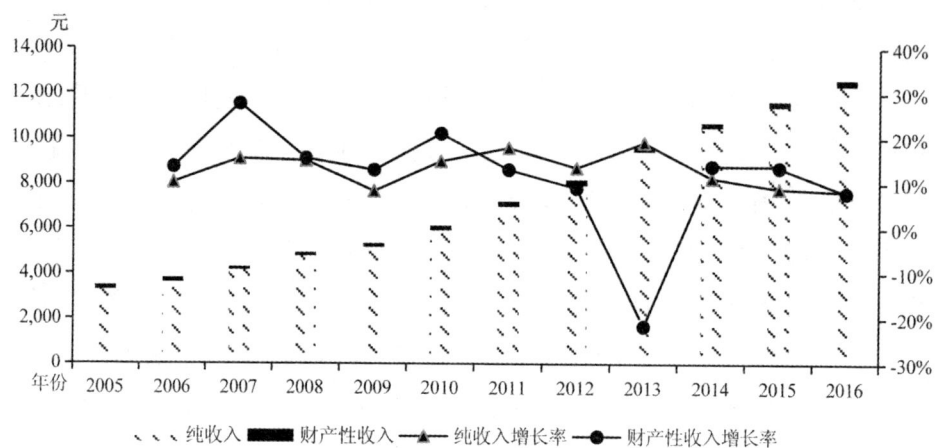

图 3-1 中国农村居民人均纯收入与财产性收入情况（2005—2016 年）

数据来源：根据历年出版的《中国统计年鉴》（2006-2017 年）整理所得。

党的十八届三中全会提出要"赋予农民更多财产权利"，"探索农民增加财产性收入渠道"。一般而言，农民的财产性收入来源于土地征用、房屋租赁、金融理财和土地经营权流转等方式，可以看出，土地不但是农民经营性收入的主要来源，还是农民财产性收入的重要来源。然而，长期以来农民对于土地的各项权益得不到重视和保护，导致农民财产性收入得不到有效提高。因此，不断完善农村土地产权制度改革，健全土地流转市场，扩大征地范围，促进农村土地流转的效率和规范性，从而提高土地流转收益和土地征用补偿收入在农民财产性收入中的贡献度，已成为增加我国农村居民财产性收入的有效途径。党的十八届三中全会提出，"赋予农民对承包地占有、使用、收益、流转及承包经营权抵押、担保权能，允许农民以承包经营权入股发展农业产业化经营"，以通过向农民充分赋权增加农民对土地的新型财产权，使农民自主选择农地权益价值的实现方式，最大化农地权益的财产价值。①农地"三权分置"改革则进一步强化农民土地的财产权属性，确保农民获得土地承包权的主体地位，同时强化农民以土地经营权为代

---

① 陈晓枫、翁斯柳：《"三权"分置改革下农民财产性收入的特点和发展趋势》，载《政治经济学评论》，2018 年第 9 卷第 2 期。

表的土地处分权,从而有利于农民通过让渡土地经营权获得更多的财产性收入。

3. 农村基本经营制度自我完善的需要

"三权分置"是农村基本经营制度的自我完善,符合生产关系适应生产力发展的客观规律,展现了农村基本经营制度的持久活力,有利于明晰土地产权关系,更好地维护农民集体、承包农户、经营主体的权益。由于我国人多地少和家庭承包经营的生产方式,我国耕地具有显著的分散化特征,难以形成较大规模经营。据统计,2012年底我国农村居民家庭经营人均耕地面积仅为2.34亩。土地流转是能够有效集中经营耕地的手段之一,20世纪80年代开始,我国农村土地流转基本按照由慢到快、由零星到规模、由农村到城市的趋势特点发展。[①] 进入21世纪的第一个十年间,我国土地流转的发展较为缓慢,2000年调查数据显示,约15%的农户家庭流转过土地。[②] 截止到2008年,仅有16.5%的农户家庭租入过土地,15%的农户家庭转包或出让过土地。[③] 十七届三中全会以后,土地流转的规模与速度变化较大,截至2013年底,全国承包耕地流转面积达到3.4亿亩,是2008年的3.1倍,流转比例达到26%,比2008年提高17.1%。因此,在维护农民的土地保障权益基础上规范土地流转市场,同时促进新型农业经营主体有效发挥其经营成本优势,已成为农地制度改革的新方向。

农村土地集体所有是我国宪法明确规定的基本经济制度,改革开放后的家庭联产承包责任制的实施,是我国农地集体所有权实现形式的首次拓展,将土地所有权和经营权分离的"两权分离"形式使家庭活力在土地生产经营过程中有效地迸发出来;而"三权分置"是我国农地集体所有权实现形式的又一次拓展创新,即在坚持农村土地集体所有制的基础上,尊重农村人地不断分离的现实,将土地承包经营权

---

① 卢泽羽、陈晓萍:《中国农村土地流转现状、问题及对策》,载《新疆师范大学学报》(哲学社会科学版),2015年第36卷第4期。
② 冒佩华、徐骥:《农地制度、土地经营权流转与农民收入增长》,载《管理世界》,2015年第5期。
③ 叶剑平、丰雷、蒋妍等:《2008年中国农村土地使用权调查研究——17省份调查结果及政策建议》,载《管理世界》,2010年第1期。

分离为农户承包权与土地经营权这两种独立权利形态，土地经营权即为土地承包经营权中能够进行市场交易、具有使用价值和交换价值的这部分权能。①在"三权分置"的农地制度下，农村土地集体所有权、农户承包权和土地经营权分别承担了集体土地政治治理功能、社会保障功能和经济效用功能，并促进三种功能相辅相成，可以使其更有效地发挥作用。

（二）"三权分置"新特点成就农地制度创新新作为

落实集体所有权可有效发挥农村土地政治治理功能、维护国家粮食安全，因而是农村土地"三权分置"改革的基础。稳定农户承包权，通过土地承包关系保持稳定并长久不变的政策激发农民经营投入的积极性，旨在保护农民利益，让广大农民平等地参与现代化进程、共同分享现代化成果，促进农业基础稳固、农村和谐稳定、农民安居乐业。放活经营权，旨在推动土地市场化流转，由于规模化经营具有比分散化经营更明显的低成本优势，因而在市场力量的作用下，土地流转更加顺畅和迅速，能够有力地促进农地适度规模化经营，进而更好地保障粮食安全。

习近平强调处理好农民和土地关系的重要地位，指出"新形势下深化农村改革，主线仍然是处理好农民和土地的关系"②。农民收入来源由以农业经营收入为主转向以非农收入为主，越来越多的兼业农民和进城务工农民的出现使大量农村土地闲置甚至抛荒，土地经营权的流转不仅有利于土地适度规模经营，更是顺应了农民的现实需要。农村土地承包经营权的再次分离，将在满足当前不同类型农户生存和发展的多层次需求的基础上，为非农身份主体携带资本进入农业生产打开渠道，从而实现"农地农民用"转变为"农地全民用"的新局面，重构"人"与"地"的关系，并为构建一个以"集体所有、农户承包、

---

① 肖卫东、梁春梅：《农村土地"三权分置"的内涵、基本要义及权利关系》，载《中国农村经济》，2016年第11期。
② 《习近平：加大推进新形势下农村改革力度》，载新华网，2013年04月28日，http://www.xinhuanet.com/politics/2016-04/28/c_1118763826.htm。

多元经营"为特征的新型土地制度①，赋予农村土地灵活流转、规范流转等新特点，提供条件。

农村土地的三权分置有几方面特点：

一是灵活性。承包权与经营权分离，农民对于土地经营有了更多的选择权，在不流转时，农户承包经营权享有占有、使用、收益以及由此派生的抵押担保、退出等处分权；而在流转时，承包权则派生出租、转包、互换、入股等多种方式让第三方分享其经营权，通过承包经营的权益获得与内生权利分解，使农户农地经营有了足够的灵活性。②农民不再被束缚于土地之上，对于种粮与进城务工有了相对更自由的选择权，从而推动农村剩余劳动力的转移，提高了劳动生产率。城市劳动力的增加也推动了城市建设。③因此，"三权分置"改革将土地经营权从土地承包经营权中分离出来，使农村土地制度具有更大的灵活性，并间接地推动了城市化进程。

二是流动性。经营权从承包经营权中的分离赋予了其更大的流动性，一方面使经营权向工商资本开放，使土地流转不再局限于集体内部，为农业发展科技化、创新化以及市场化建立了制度基础；另一方面，经营权的流动性使农地承包经营权有了抵押担保等财产性功能。以丽水市的"土地流转经营权证"为例，早在2013年丽水市就将流转土地经营权纳入抵押物范围，其创新建立的"土地流转经营权证"抵押制度，即对流转土地达到一定面积、经营年限、签订规范流转合同的农村流转土地，统一办理土地流转经营权证，借款人凭权证可直接办理抵押贷款，从而有效破解了流转土地经营权与承包权分离后的单独抵押难题，并通过将土地经营权使用期限、地上农业设施、种植附着物等纳入土地经营权价值评估，最大限度地提升了土地"资本化"

---

① 张力、郑志峰：《推进农村土地承包权与经营权再分离的法制构造研究》，载《农业经济问题》，2015年第36卷第1期。

② 张红宇：《从"两权分离"到"三权分置"——中国农地制度的绩效分析》，载《农民日报》，2017年7月29日。

③ 黄娜：《农地产权"三权分置"研究综述与展望》，载《农村经济与科技》，2015年第8期。

水平。①

三是规范性。在农地流转过程中,正确引导土地经营权规范有序流转是重要一环。"三权分置"改革通过为农业用地提供公开合同化的流转方式,有效促进了经营权规范有序流转,从而有利于进一步探讨解决大农业与小农户有效对接的实现路径,持续地提高农业的质量和效益。解决大农业与小农户有效对接的问题,即解决农户生产经营与市场经济相适应的问题,"三权分置"制度为市场在农地资源配置上发挥作用提供了一种制度保障,从而为农业农村发展注入了活力。在"三权分置"的制度保障基础上,首先要尊重农民的意愿,摒弃强制性流转方式;其次要保护经营者权益,规范经营权合同;最后要转变政府职能,培育管理型和服务型政府,为土地流转创造良好的市场环境,使市场配置的作用充分发挥。

四是资产性。党的十八届三中全会提出要"赋予农民更多财产权利","探索农民增加财产性收入渠道",十九大报告中提出"完善承包地'三权'分置制度","拓宽居民劳动收入和财产性收入渠道"。我国农地"三权分置"制度改革政策的推进,不仅有利于提高土地经营效益、推动土地适度规模经营,对促进农民财产性收入增长也有积极作用。"三权分置"通过稳定农民的土地承包权,明晰了农民的主体地位;通过自主化农民对土地的经营和流转的选择权,拓宽了农民的增收途径;通过让渡土地经营权,获得更多的财产性收入和兼业工资性收入并通过促进土地适度规模经营扩大农业生产经营收入;在此基础上探索农村居民获得与城市居民同等的城乡改革和土地发展红利的途径。可以说,"三权分置"所具备的资产性使农民土地的财产权属性增强,保障了农民土地权益的价值实现。

---

① 魏再晨:《用"三权分置"唤醒沉睡土地——访人民银行丽水市中心支行行长孔祖根》,载中国金融新闻网,2017年1月12日,http://www.financialnews.com.cn/zgjrj/201701/t20170112_111074.html。

二、科技兴农：向科技进步融入现代农业要效率

在我国"四化同步"推进过程中，农业现代化还是"短腿"，尽管良种化、水利化、机械化水平不断提升，但我国农业的劳动生产率目前仍只有世界平均值的47%，与美国、欧盟等发达经济体相比差距明显。科技进步对我国农业增长的贡献率为56%，比发达国家低20多个百分点。[①]

推进农业现代化进程，实现农业持续稳定发展，确保农业提质增效，根本出路在于科技。然而，当前我国农业科技创新整体布局与实际应用水平较低，农业科技创新不足，制约了农业生产效率的提升；同时，农业面临资源环境的制约，对提高资源环境利用效率和农业生产率的诉求越来越急迫。因此，我国农业现代化要求探索农业科技创新的发展方向和发展策略，通过农业科技创新增强农业经济质量，推动现代科技创新、信息化技术和农业深度融合，使市场在农业生产经营等各个环节发挥资源配置的积极作用。新时代用以解放和发展农村生产力为逻辑主线，以科技兴农为提高农业生产力的路径，通过"为农业插上科技的翅膀"，推动农业现代化发展进程。

（一）农业生产效率提高是中国农业发展的"生命线"

农业生产效率关乎农业生产的发展水平与质量，是发展现代农业、实现农业可持续发展、提升农业国际竞争力的关键。[②] 近年来，我国农业生产效率稳步提升，农民收入持续增长，国家粮食安全保障能力明显增强。但也应清醒地认识到，我国农业仍处在传统农业向现代农业转型过程中，传统农业生产面临的资源短缺、污染严重、规模效率低、生产条件差等问题制约着农业生产效率的提升，导致农业吸引力低下，又进一步阻碍了农业现代化进程。因此，以提高农业生产效率来增加农业经营收入，从而提升农业吸引力，是推动农业现代化进程的迫切需求。

---

① 叶兴庆：《农业发展需要加快培育接续力量》，载《人民日报》，2015年3月16日。
② 孔韬：《中国与加拿大农业生产效率比较研究》，载《世界农业》，2018年第5期。

1. 农业生产效率低导致农业经营支撑农民增收能力差，农业生产不受重视

我国农业生产效率的提高在较长时间内依赖于增加农业投入品的投入量。据统计，2015年我国单位面积化肥和农药使用量已经分别达到世界平均水平的3.6倍和2.5倍。① 随着农药、化肥、劳动力等投入要素价格的不断上涨，石化农业生产成本不断提高。统计显示，三种粮食平均每亩直接费用从2009年到2016年呈不断上升趋势，八年间增长了42.94%；其中，每亩化肥费用增长了9.68%，每亩农药费用增长了42.69%。② 与此同时，通过增加化肥、农药投入强度提高产量的农业生产牺牲了农产品的品质，使农业产出难以满足国内高品质农产品的消费需求，从而增加了农产品市场价格的不稳定因素。在农业生产成本增加与农产品价格降低的双重挤压下，农村土地边际收益递减速度进一步加快，导致农业生产效率较低，农业经营收入增加缓慢。与之相反，随着大量农村剩余劳动力转移到城市，来自非农就业的工资收入显著地提高了农户家庭收入，家庭主要劳动力更多地选择了进城务工，使农业经营收入在农民家庭增收中的贡献度持续下降。因此，出现了越来越多的兼业农民，而兼业农民选择粗放式经营小规模土地甚至撂荒土地的现象越来越普遍，农业生产不受重视。

2. 农业经营收入低导致农业家庭经营领域缺乏吸引力，农业经营人才匮乏

我国城乡之间二元结构长期普遍存在，城镇经济的迅速发展与农村经济发展的滞后导致了城乡经济发展水平的不平衡，且农业经营收入普遍低于非农产业报酬，造成了城乡居民收入水平的巨大落差。据统计，城乡居民可支配收入比值从2013—2016年间持续下降，城乡收入相对差距有所缓和，但城市与农村居民的可支配收入倍数仍接近3倍，且随着总体国民收入的不断增加，城乡居民可支配收入的绝对差距持续扩大（表3-1）。巨大的城乡收入差距加以落后的农村基础设施

---

① 叶兴庆：《农业发展需要加快培育接续力量》，载《人民日报》，2015年3月16日。
② 参见《全国农产品成本收益资料汇编》（2010—2017年）。

和不完善的农村社会保障体系，导致农村地区对人才的吸引力低下。与此同时，进城务工为农民带来了可观的工资性收入，农业经营收入不再是农村居民最重要的收入来源，从2013到2016年，中国农村居民人均可支配收入中经营净收入占比不断下降；与之相反，农村居民的工资性收入占比则持续增长，2015年达到40.27%，超过经营净收入，由此工资性收入成为农民可支配收入的第一大来源（表3-2）。因此，一方面由于城乡居民巨大的收入差距导致农村地区难以吸引外来人才的流入，进而降低了农业经营领域的吸引力；另一方面由于工资性收入的不断增加，使原本以农业经营为主的农民对农业经营领域的热情也逐渐降低。在农业经营领域越来越缺乏吸引力，而城市产业集聚力越来越强的境况下，大部分农村的人才单方向地流向城市，大量青壮年农民工积极进军城市谋求更好的发展，大量大学生毕业后积极投身于城市谋划未来，农村难以留住农业经营人才。

表 3-1　中国城乡居民人均可支配收入对比（2013—2016 年）（单位：元）

年份	城镇居民人均可支配收入	农村居民人均可支配收入	城乡收入差距	城乡收入比
2013	26467.00	9429.59	17037.41	2.81:1
2014	28843.85	10488.88	18354.97	2.75:1
2015	31194.83	11421.71	19773.12	2.73:1
2016	33616.25	12363.41	21252.84	2.72:1

数据来源：根据历年出版的《中国统计年鉴》（2014—2017 年）整理所得。

表 3-2　中国农村居民人均可支配收入来源情况（2013—2016 年）（单位：元）

年份	可支配收入	工资性收入	工资性收入占比	经营净收入	经营净收入占比	其他收入	其他收入占比
2013	9430	3652	38.73%	3935	41.73%	1843	19.54%
2014	10489	4152	39.58%	4237	40.39%	2099	20.01%
2015	11422	4600	40.27%	4504	39.43%	2318	20.29%
2016	12363	5022	40.62%	4741	38.35%	2600	21.03%

数据来源：根据历年出版的《中国统计年鉴》（2014—2017 年）整理所得。

3. 农业生产效率提高促进无吸引力的传统农业向有吸引力的现代农业转变

传统农业因其低效率低报酬而缺乏吸引力，我国农村青壮年劳动力从事农业的越来越少，为了解决"谁来种地"，靠谁来建设农业现代化的问题，必须着力提高农业的吸引力。要吸引人才投身农业，必须提高农业经营报酬，目前需不断加大对农业发展的支持和引导，尽快使农业生产获得社会平均利润、农业经营净收入达到外出务工工资水平。而农业经营报酬的增加必然要建立在农业生产效率提高的基础之上。传统农业多依赖于增加投入品获得生产效率的提高，伴随着农业投入品成本的上升与国内农产品消费结构的升级，其生产方式变得难以为继。因此，需要通过提高农业全要素生产率来应对化肥等农业投入品的减量，从而有效地提高农业生产效率，进而实现农业经营报酬的增长，吸引更多人才投身于农业现代化建设，最终有力地促进传统农业向现代农业转变。

（二）现代农业科技是农业生产效率提升的内在动力

生产力是推动一切社会发展的决定力量，历届中央领导集体在推动农业现代化进程中，都一以贯之地体现了这一"生产力逻辑"。解放和发展农村生产力就是一条贯穿农业现代化进程始终的逻辑主线。我国农业生产担负着确保国家粮食安全的责任，要突破农业生产的资源环境约束，需从提高农业综合效益着手制定措施推动农业现代化进程。科技兴农是突破农业生产瓶颈与加快现代农业建设的必然选择。习近平在谈科技对农业现代化的关键作用时提出："我们要推动新型工业化、信息化、城镇化、农业现代化同步发展，也必须充分发挥科技进步和创新的作用。"[①]

1. "科技是第一生产力"决定了现代农业建设中科技进步是关键

现代农业是具有先进科学技术，先进生产工具，先进科学管理和

---

① 《习近平在十八届中央政治局第九次集体学习时的讲话》，载中国政府网，2013年10月1日，http://www.gov.cn/ldhd/2013-10/01/content_2499370.htm。

经营体系，资源高效利用，高经济效益，与环境和谐并可持续发展，代表先进生产力的商品型农业产业。① 促进农业科技进步是实现农业全要素生产率提高的重要途径，提高农业全要素生产率，意味着农业生产效率的有效提升，有利于促进传统农业向现代农业的转变。因此，农业科技进步是建设现代农业的关键。

近年来，我国农业科技创新不断实现新突破，农业基础设施规模和机械化水平持续提升。2015年底，农田有效灌溉面积占比超过52%，设施农业超过5500万亩；2016年底全国农作物耕种收综合机械化率达到63%。但我国当前农业科技水平与发达国家仍有显著差别，就农业机械化水平而言，据兴业证券研报显示，中国农机行业在技术和普及程度上都与发达国家有很大差距，农机行业整体呈现小而分散的竞争格局，对于高端农机缺乏自主研制能力，对进口依赖较大。② 与此同时，我国农业整体科技含量较低，农业科技未能形成整合资源并贯穿于农业生产和经营的全过程，从而制约了现代农业的发展。因此，当前我国农业现代化处于补齐短板、大有作为的重要战略机遇期，对农业科技进步的诉求更加紧迫，既要求农业科技总体水平的较大提高，又要重视农业机械化、农业科技与农业生产全过程深度融合的实现。

2. 低成本现代农业科技推广使用是农业生产效率提升的重中之重

应用现代科技改造传统农业，是降低农业生产成本、提升农业生产效率、提高农业现代化水平的必然要求。随着农业领域对研发重视逐渐加深，我国农业科技研究能力不断提高，但目前仍存在农业科技成果转化率低和农业科技贡献率不高等问题，成为科技兴农的阻碍。在农业科技成果转化方面，2015年，我国农业科技创新成果转化率为40%，远低于发达国家70%-85%的水平③；而在农业科技贡献率方面，十八大以来，我国农业科技进步贡献率由2012年的53.5%提高到2017

---

① 董长海、张广智：《加快农业技术创新 促进我国现代农业发展》，载《中国经贸导刊》，2010年第1期。
② 金嘉捷：《"十三五"农业机械化设定量化目标》，载《上海证券报》，2017年1月6日。
③ 翟金良：《中国农业科技成果转化的特点、存在的问题与发展对策》，载《中国科学院院刊》，2015年第30卷第3期。

年的57.5%①，2014年科技进步贡献率就已经达到56%，但仍比发达国家低20多个百分点。②因此，依靠科技进步提高农业全要素生产率还有很大提升空间，对提高农业科技成果转化率、提供更多低成本农业技术的现实需求尤为紧迫。

农业科技推广的公共服务体系不完善阻碍了农业科技创新的推广和应用。在农业科技服务的运行机制上，一方面农业科技由于其自身的公共物品特点，使得其自身所带来的社会效应和自身获得的实际效益不协调，使农业科技服务工作人员的付出与回报难以对等，从而缺乏激励机制；另一方面，由于我国政府目前的农业科技服务行为大多采用财政投入方式，而非市场机制调节，致使农业科技创新缺乏动力机制，这使得本身效益就比较低的农业生产方式，不能按照自身的实际需求进行发展，农民缺乏追求科技的动力和激情，对新技术的追求很难成为农民的自觉性行动。因此，在实现农业生产全过程精细、高效的科技化的同时，还应提供适应中国农业发展实际需求的科技创新，以实现科技与市场的对接。

三、主体多元：向新型农业经营主体培育要活力

当前，我国农业正处在供给侧结构性改革的关键时期，必须加快培育农业农村发展新动能。然而农村劳动力大量向城市和非农产业转移，导致"谁来种地，如何种地"的问题日益突出，创新农业经营体制机制，大力培育规模化、专业化和市场化的新型农业经营主体，则是建设现代农业、保障国家粮食安全和主要农产品有效供给的重要主体。习近平在党的十八大报告中明确提出培育新型农业经营主体，2017年，党的十九大将培育新型农业经营主体作为实施乡村振兴战略的重要举措之一。2018年，农业农村部提出加快培育种植大户、家庭农场、合作社、龙头企业、农业产业化联合体等新型农业经营主体。

---

① 冯虎：《我国农业科技进步贡献率已达57.5%》，载《经济日报》，2018年3月29日。
② 叶兴庆：《农业发展需要加快培育接续力量》，载《人民日报》，2015年3月16日。

农业农村部部长韩长赋解读《关于加快构建政策体系培育新型农业经营主体的意见》时提到，全国已有农户家庭农场超过87万家，依法登记的农民合作社188.8万家，农业产业化经营组织38.6万个，农业社会化服务组织超过115万个。① 多元化农业经营主体是农业生产分工不断深化的产物，将为农业农村改革发展注入新活力。

（一）农业产业可持续发展迫切需要多元主体互动

20世纪80年代后，随着家庭联产承包责任制的推行，家庭成为农村的基本经济单元，为乡村发展注入活力。农村改革近40年来，我国农业农村发展取得了举世瞩目的成就：粮食产量翻了近一番，各类农产品成倍增加，农民收入较快增长，农村面貌发生显著变化。但在国家现代化迅速推进的新形势下，农业农村发展也面临着诸多新的矛盾和挑战：一方面农业发展面临资源环境承载力的制约，具体表现在耕地面积减少、土壤肥力退化、水资源短缺、自然灾害频发；另一方面，农村优质劳动力大量流失，农村资本大量非农化，农地抛荒严重，甚至可能威胁到国家粮食安全。从农业经营体制的角度看，当前迫切需要回答的两大问题是"谁来种地"和"如何种地"。

1. 农业产业可持续发展面临多重困境，主体缺乏担忧尤为突出

近年来，随着城镇化的推进，大量农村青壮年劳动力外出务工，据统计，2017年底我国约有2.9亿农村劳动力转向城镇工业产业，比2016年增长1.7%，占当年农业从业人口总量的81.4%。② 留在农村的从业人员多为妇女和老人，农村青壮年劳动力转移引起农村劳动力结构失调，"谁来种地"的问题日益紧迫。这对如何创新农业生产方式，优化农业要素组合，以有效提高土地生产率、劳动生产率提出了更高要求。此外，农民纯收入中农业经营收入的比重逐年下降，农户兼业化程度不断提高，"大水大肥大农"成为兼业型农户的优先选择，农业经

---

① 《农业部部长解读〈关于加快构建政策体系培育新型农业经营主体的意见〉》，载《农业工程技术》，2017年第18期。

② 国家统计局：《中华人民共和国2017年国民经济和社会发展统计公报》，载国家统计局网络，2018年2月28日，http://www.stats.gov.cn/tjsj/zxfb/201802/t20180228_1585631.html。

营已成为农户收入提升中的"副业",如何引导并提高兼业农户的农地利用效率是我国农业持续稳定健康发展的难点,"如何种地"已成为无法回避的严峻问题。当前,我国家庭承包经营的耕地规模小且高度分散,这种在小规模土地基础上精耕细作的经营方式生产效率较低,且抵御自然风险和市场风险的能力较差。因此,为给农业生产经营注入活力,充分发挥农业经营主体的带头作用,一方面要着力培育新型职业农民,吸引有文化、善经营、懂技术和有社会责任感的青年人才投身农业,保证农业后继有人;另一方面要转变农业发展方式,在农地制度改革的基础上寻找应对小农户与大农业有效对接的实现形式,回答好"如何种地"的问题。

2. 新型农业经营主体培育是有益补充,多元主体互动凸显活力

当前,我国农业经营主体已经从较为单一的家庭经营模式转变为多种经营主体并存的格局,其中新型农业经营主体主要包括专业大户、家庭农场、农民专业合作社、农业企业等。在多元化农业经营主体体系中,各个新型农业经营主体在农业生产经营中具有不同的主体功能定位,在生产领域,专业大户和家庭农场是基本主体;在农业社会化服务领域,农民合作社主要作为连接各个农业经营主体的桥梁纽带;而龙头企业则承担着农产品加工和流通的主要责任。新型农业经营主体的发展壮大能够弥补家庭碎片化经营的高成本劣势,对推动农业体制创新以及农业现代化有重要作用。

农业供给侧结构性改革要求改变农业生产经营供需错配的现象,在提高农业生产效益上要求适度规模化农业生产与农业科技融合,在调结构上则要求农业经营者更好地适应市场化经济,要求更完善的农业市场信息服务体系。党的十八大进一步提出"要构建集约化、专业化、组织化、社会化相结合的新型农业经营体系",而农业社会化服务体系正是新型农业经营体系的有机组成部分。在新型农业经营体系的基本框架下,以专业大户、农民合作社、农业企业为主要代表的新型农业经营主体兼具生产和服务双重功能,各主体之间的信息共享与有机配合,在农业产前、产中、产后各个环节提供服务的主体构建成一个网

络，将不断完善农业社会化服务体系，有助于我国农业现代化的建设。

（二）新型农业经营主体培育破解"谁来种地"难题

在我国城镇化进程加快的背景下，农村劳动力大量流入城市，"谁来种地"的问题日益凸显。习近平指出要通过培育新型农业经营主体为农业现代化建设解决主体缺失的难题："要把加快培育新型农业经营主体作为一项重大战略，以吸引年轻人务农、培育职业农民为重点，建立专门政策机制，构建职业农民队伍，为农业现代化建设和农业持续健康发展提供坚实人力基础和保障。"[①] 培育新型农业经营主体不仅是解决农业劳动力结构性矛盾和农业后继无人问题的迫切需要，而且相较于传统小农户，专业大户、家庭农场、专业合作社、农业企业等规模化生产的经营主体更符合现代农业发展的要求，是农业科技创新成果推广和应用更有效的载体。因此，加快新型农业经营主体培育，构建集约化、专业化、组织化和社会化的新型农业经营体系，是破解"谁来种地"难题、有效推动我国现代农业发展的必然选择。

1. 新型农业经营主体培育是构建新型农业经营体系的关键点和难点

党的十八大以来，构建新型农业经营体系成为党的"三农"政策的总纲领。构建新型农业经营体系是对现有小农户分散经营方式的进一步完善，该体系包括农产品生产、加工和销售等各个环节以及贯穿其中的各项生产性服务，且体系内各类经营主体之间有机互动形成有效的联结机制。[②] 构建新型农业经营体系的实质是要使当前的农业生产关系适应生产力发展的要求。习近平在党的十九大报告中指出："构建现代农业产业体系、生产体系、经营体系，完善农业支持保护制度，发展多种形式适度规模经营，培育新型农业经营主体，健全农业社会化服务体系，实现小农户和现代农业发展有机衔接。"因此，在稳定家庭承包经营的前提下，积极培育各类新型农业经营主体，以实现小农户与现代农业的有机衔接，促进集约化、专业化、组织化和社会化的

---

① 《十八大以来重要文献选编》上，中央文献出版社2014年版，第680页。
② 宋洪远、赵海：《新型农业经营体系建设要把握的四个重点》，载《经济日报》，2013年6月5日。

现代农业经营是构建新型农业经营体系的核心和关键点。

现阶段，我国新型农业经营主体的培育推动了农业的标准化和产业化经营，提高了农业的生产效率，但仍存在一些问题。

（1）外部环境方面，面临土地制度约束的问题。我国当前农村土地制度总基调仍是承包到户，"三权分置"的农地制度改革放活了土地经营权，这在一定程度上将会降低新型农业经营主体集中土地的难度。但当前土地流转市场规范性不足，缺乏市场相关的信息服务组织，使土地流转多依赖于农户及新型农业经营主体的主动性，从而制约了新型农业经营主体的规模化经营。

（2）经营组织运行机制方面，当前农业经营组织的运行并不规范，运行管理的随意性较大，与当地农户并未形成有效的联合关系。十八大以来，政府对于新型农业经营主体的政策补贴和优惠政策吸引了一定数量的农业投资者，尽管经营主体名义上的发起人为当地农民，但实际经营管理由投资者把控，农民并未参与农业经营决策，农地的非粮化非农化问题逐渐凸显。

（3）经营主体自身方面，新型农业经营主体自身规范化程度和竞争力有待加强。以农业产业化龙头企业为例，其将农产品的生产、加工、销售结合起来，不仅对于农产品产业链的延伸有着重要意义，而且也通过带动农产品进入市场，提高农产品买方的议价能力，提升市场竞争力。但目前中国农业龙头企业陷于低绩效、低成长率的困境，截至2007年末，中国共有49家农业产业化龙头企业上市，但2007年上市企业的年净资产收益率仅为5%。[①] 低利润率导致农业企业成长阻碍重重，面临融资难，技术水平和管理水平滞后问题，进一步弱化了盈利能力，多数农业企业的维持目前只能诉诸政策支持。在新型农业经营主体自身对现代农业适应性不足的前提下，进一步提升农业经营体系的现代化水平艰难，从而使加快培育新型农业经营主体仍是构建新型农业经营体系的难点。

---

① 沈艳丽：《农业上市公司经营绩效的分析》，载《中国集体经济》，2009年第287卷第13期。

2. 体制机制改革和引导政策叠加，多措并举培育新型农业经营主体

解决新型农业经营主体培育面临的问题，加快培育新型农业经营主体，既需要实施体制机制方面的改革以减少新型农业经营主体发展所面临的外部制约，又离不开对新型农业经营主体发展方式和方向的正确引导，以实现其自身的良好发展并有效地推动新型农业经营体系的建设。

（1）深化土地制度改革，加快新型农业经营主体的培育。以深入推进农村土地制度改革为契机，建立健全市镇村三级土地流转服务网络，通过扎实开展流转信息收集发布、土地价格指导协调、矛盾纠纷调处裁决、合同登记备案等相关服务，因势利导加快承包经营权向农业龙头企业、专业合作社以及专业大户等经营主体规范有序流转，为各类新型农业经营主体的持续健康发展奠定坚实基础。

（2）构建农业社会化服务体系，助推新型农业经营主体之间的有机互动。以市场需求为导向，提高各主体农业社会化服务能力，按照农业社会化服务兼具公益性与经营性、专业而各具特色的要求构建新型农业服务体系建设。在农业科技推广服务方面，在维持各级政府对农业科技财政拨款的主渠道地位的基础上，为公共服务机构引入市场竞争机制，建立健全财政补助经费与服务绩效挂钩的激励机制，构建起以公益型农业技术推广机构为主导的多元化农业技术推广服务体系。[①] 在培育经营性服务组织方面，加强政策支持力度，培育和提高新型农业经营主体的社会化服务能力，同时鼓励社会力量兴办多元化、多层次、多形式的社会化服务组织，形成多个组织信息共享、多层次互动、相互结合的服务模式。

（3）制定分类政策，有效引导各新型农业经营主体的发展，培育壮大龙头企业，提升带动能力。积极推动城乡要素融合，为各生产要素流向农业产业化龙头企业制定引导政策，鼓励引导龙头企业提高创新能力，通过规模化经营和品牌建设等途径壮大自身综合实力。规范

---

① 胡泊：《培育新型农业经营主体的现实困扰与对策措施》，载《中州学刊》，2015年第3期。

提升农民专业合作社，加大财政扶持力度支持合作社开展各项业务，同时增设扶持与监管政策，提高农民专业合作社的质量和运营能力，引导村组织和社会力量围绕农业产业链条、特色产品和专业服务等领域兴办高效益的合作社。发展扶持家庭农场和专业大户，按照科学定位、强化引导、重点培育的要求，把新增农业补贴向符合标准的家庭农场和专业大户倾斜，加大对其金融贷款、土地流转租金的优惠，规范化对其日常生产技术支持、经营管理的指导。

（4）着力培育新型职业农民。培育新型农业经营主体离不开农业经营领域的人才，新型职业农民正在成为现代农业建设的主导力量。随着现代农业加快发展和农民教育培训工作有效开展，一大批新型职业农民快速成长，一批高素质的青年农民正在成为专业大户、家庭农场主、农民合作社领办人和农业企业骨干，一批农民工、中高等院校毕业生、退役士兵、科技人员等返乡下乡人员加入新型职业农民队伍，工商资本进入农业领域，"互联网+"现代农业等新业态催生一批新农民，新型职业农民正逐步成为适度规模经营的主体，为现代农业发展注入了新鲜血液。截至2015年底，全国新型职业农民已达到1272万人，比2010年增长55%，农民职业化进程不断提速。① 在着力培育职业农民，为乡村振兴培育专门人才的基础上，应当探索吸引人才并留住人才，以人才为核心实现多元主体融合发展，为乡村振兴注入全新活力。

四、绿色发展：向强化农业绿色化发展要竞争力

改革开放40年以来，已有19份中央一号文件持续指导"三农"工作。2016年中央一号文件提出加强资源保护和生态修复，推动农业绿色发展，是解决农业目前面临的过度追求产量导致的水土资源污染严重、食品安全、生态破坏等问题的必然要求。十九大报告提出："我们要建设的现代化是人与自然和谐共生的现代化，既要创造更多物质财

---

① 中华人民共和国农业部：《"十三五"全国新型职业农民培育发展规划》载农业部网站，2017年1月22日，http://jiuban.moa.gov.cn/zwllm/ghjh/201701/t20170122_5461506.htm。

富和精神财富以满足人民日益增长的美好生活需要,也要提供更多优质生态产品以满足人民日益增长的优美生态环境需要。"习近平强调以绿色理念引领生态农业的发展方向:"如果能够把这些生态环境优势转化为生态农业、生态工业、生态旅游等生态经济的优势,那么绿水青山也就变成了金山银山。绿水青山与金山银山既会产生矛盾,又可辩证统一。"① 相比较于传统石化农业,绿色农业不再狭隘地视农业只是提供食品、纤维、原材料等经济产品的产业,而是认为其具有多种价值和功能,是人类回归自然的必然之路,是反映人类与自然是否和谐的指标。因此,推进农业绿色化发展为我们提升现有农业资源的可承载性、拓宽农业发展的空间指明了方向,为有效提升农业的竞争力和效益提供了创新思路。

(一)传统石化农业步入边际效益递减新阶段

传统的石化农业将化肥和农药的高投入作为农作物产量增加的"两大法宝",而我国化肥、农药的利用率极低。化肥、农药等的高投入既导致农业生产的成本增加,也使耕地生产潜力不断下降,高成本与低收益并存成为我国当前农业生产的普遍现象。化肥、农药的无节制使用阻碍了我国农业的可持续发展。农业环境污染问题严重制约着农业由数量型向质量型效益转变。当前,农村一些地方"远看绿油油,近看污水流",这样的农业环境生产的农产品国际竞争力明显不足,农业生产效益问题堪忧。

1. 传统石化农业效益呈现递减趋势

改革开放以来,我国粮食产量持续呈上升趋势,然而粮食连续增长并没有摆脱粮食利润低的现实。2005—2015年间,我国主要粮食(稻谷、小麦、玉米)平均利润仅为每亩154.9元,种一季粮食的利润不抵农民工进城几天的工资所得。② 此外,农业生产不仅利润低,还面临较

---

① 习近平:《之江新语》,浙江人民出版社2007年版,第153页。
② 参见国家发展和改革委员会价格司:《全国农产品成本收益汇编》,中国统计出版社2017年版,第2—5页。

大风险。统计数据显示,我国三种粮食在1978—2016年间的利润具有显著的不稳定性,呈现出大幅度波动,其中,1978年、2016年两年的粮食生产利润为亏损状态,最大净利润亏损达每亩80元(图3-2)。

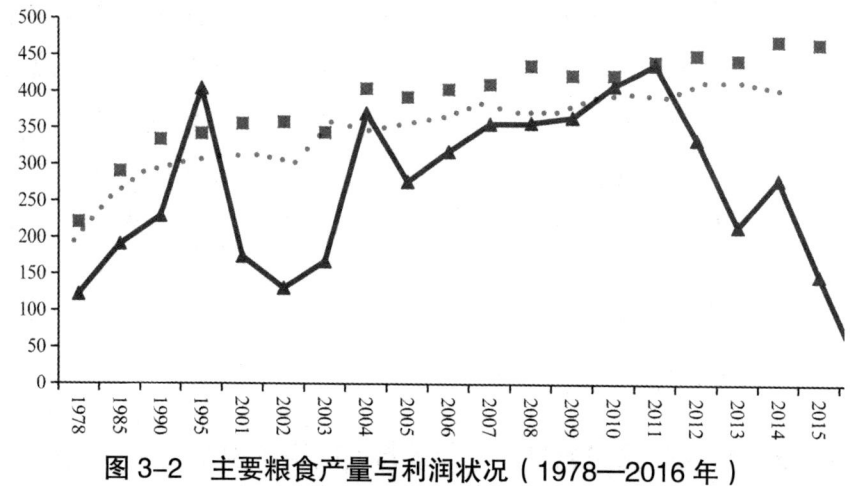

图 3-2　主要粮食产量与利润状况(1978—2016 年)

数据来源:根据历年出版的《全国农产品成本收益汇编》(2006—2017年)整理所得。

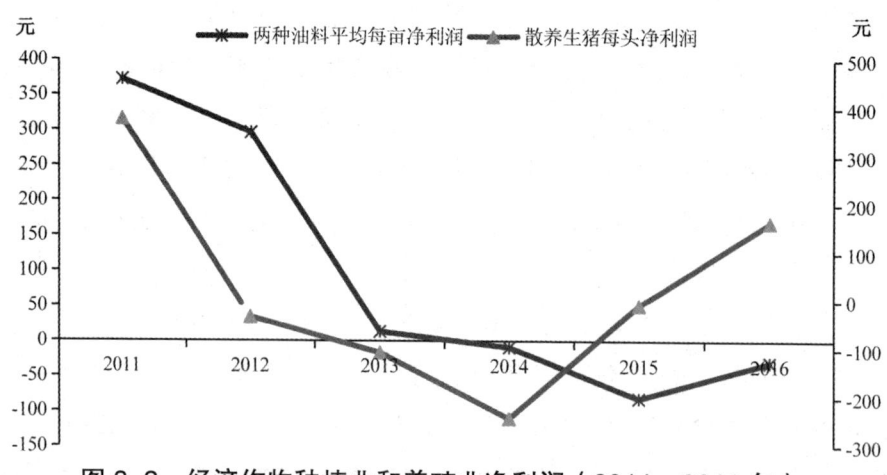

图 3-3　经济作物种植业和养殖业净利润(2011—2016 年)

数据来源:根据《全国农产品成本收益汇编》(2017年)整理所得。

低效益高风险的境况不仅出现在粮食种植业,在经济作物种植与农业养殖业领域亦是如此。近六年两种油料作物(花生、油菜籽)平均净利润仅为每亩93.5元,且六年中亏损的年数达三年,最大亏损时达到每亩81.67元；作为养殖面最广的生猪养殖，其六年内平均净利润仅为每头25.5元，六年中有四年是亏损状态，最大亏损达到每头242.04元；此外，二者利润均呈现出极不稳定的波动，2011—2016年间净利润极差，分别为378.15元、619.61元（图3-3）。

2. 传统石化农业受到资源环境约束日益突出

传统石化农业多以牺牲生态环境为代价换取生产能力，因而粮食增产的背后是资源的过度使用与生态环境的破坏。首先，石化类农业投入品使用量的快速攀升，造成了严重的生态透支，已成为农业可持续发展的制约因素，且影响粮食质量安全，进而危害人类的生活质量和生命健康。①2011—2016年，我国每亩化肥折纯用量从23.03公斤上涨到24.93公斤，且呈现连年持续上涨趋势，中国单位面积化肥、农药使用量远远超过合理使用水平和国际水平。中国约有5000万亩的中度和重度污染耕地仍在继续耕种，而且这类耕地大多分布在农业高产地区。同时，还有6000多万亩陡坡耕地、4000多万亩严重沙化耕地仍在继续耕作。②其次，农业发展受到人均耕地面积的制约，截至2016年，耕地面积为134.9万平方公里，因建设占用、灾毁、生态退耕、农业结构调整等减少耕地面积34.5万公顷。通过土地整治、农业结构调整等增加耕地面积26.81万公顷，年内净减少耕地面积7.69万公顷，全国人均耕地面积1.46亩，且各地区之间人均耕地面积差异较大，东部多省份人均耕地面积低于FAO确定的人均耕地面积临界值0.8亩的标准，导致耕地资源不足已成为制约我国农业发展的关键因素（图3-4）。再次，我国水资源短缺也成为约束农业生产发展的关键因素。中国人均水资源量仅为世界平均水平的四分之一，而且时空分布不均匀，加上水资源利用的低效和浪费现象严重，使得我国水资源短缺态势日益显著。③与此同时，水资源污染状况也呈现出日益严重的态势，《2017

---

① 巩前文、严耕:《中国生态农业发展的进展、问题与展望》，载《现代经济探讨》，2015年第9期。
② 李伟:《以改革创新持续提升中国粮食与食品安全保障能力》，载《中国经济报告》，2014年第12期。
③ 于法稳:《习近平绿色发展新思想与农业的绿色转型发展》，载《中国农村观察》，2016年第5期。

中国生态环境状况公报》显示，2017年全国地表水质断面劣Ⅴ类水体比例占8.3%。因此，我国较多地区水资源过度使用以及水污染状况的日益严重，影响到了水资源安全和农业可持续发展。

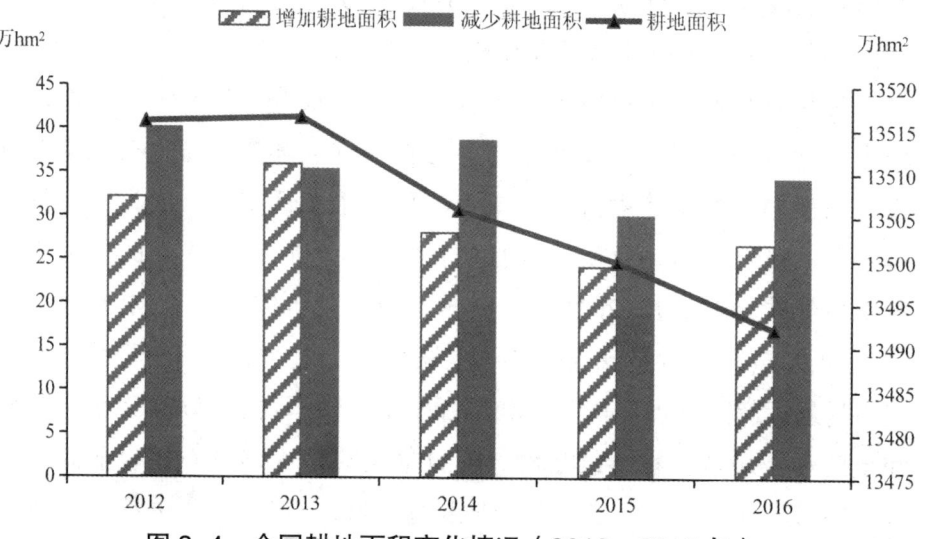

图3-4　全国耕地面积变化情况（2012—2016年）

数据来源：根据《中国土地矿产海洋资源统计公报》（2017年）整理所得。

3. 传统石化农业引发农产品安全问题

我国正在由中等收入国家向高收入国家迈进，其最显著的特点即伴随着消费结构的升级，农产品质量已成为人民美好生活的关注点。然而，人们对高质量安全农产品的需求却难以得到满足。据统计，中国粮食主产区耕地土壤重金属点位超标率为21.49%，整体以轻度污染为主，其中轻度、中度和重度污染比重分别为13.97%、2.50%和5.02%。[①] 因此，我国农业发展的方向在于改变传统石化农业过度消耗环境资源的生产方式，减低石化类农业投入以改善耕地土壤质量，降低农药等有害物质在食品中的残留，并更加关注农产品的品质监督机制，建立健全农产品质量追溯体系，确保优质安全、营养健康，最终满足人民对农产品的高品质需求。与此同时，人民日益增长的美好生

---

① 尚二萍、许尔琪、张红旗等：《中国粮食主产区耕地土壤重金属时空变化与污染源分析》，载《环境科学》，2018年第10期。

活的需求包含对优美的生态环境的需求，人们越来越意识到环境给生产生活带来的巨大影响。人们的需求从物质、精神层次转向生态需求，对于清洁安全的水源、清新的空气、安全的食品、优美的生态环境等的需求正越来越高。同时，对环境友好型产业的美好诉求由此产生，农业也不例外，从而使生态环境问题成了当前重要的民生问题，发展绿色农业也成了现时诉求。农业绿色发展破解了以往石化农业以破坏生态环境为代价的农产品产出方式，开发了农业的多种价值和功能，如美学、文化教育等方面的价值；视土地、淡水、森林等为自然资本，它们不仅产生财富，而且是人类生存和发展的基础；"农业是人类回归自然的必然之路，是反映人类与自然是否和谐的指示剂。"[①]因而绿色农业是我国农业转向可持续发展的有效探索。

（二）绿色现代农业切合国内国际发展新形势

发展绿色现代农业，即意味着必须改变以往粗放式的、只重数量不重品质、只顾经济效益不顾生态效益、只看眼前利益不看长远利益的农业增长方式。2012年11月，党的十八大首次提出了"美丽中国"的执政理念。2015年10月，"美丽中国"被纳入"十三五"规划，首次被纳入五年计划，它强调把生态文明建设放在突出地位。绿色发展理念，为农业的绿色转型发展指明了方向。

1. 绿色农业顺应了国际国内新形势的要求

绿色发展是增强一个国家综合实力和国际竞争力的必由之路。中国目前已成为世界节能和利用新能源、可再生能源第一大国。作为一个负责任的大国，中国始终坚持承担应尽的国际义务，同世界各国深入开展生态文明领域的交流合作。《中共中央关于国民经济和社会发展第十三个五年规划的建议》指出："坚持绿色发展，就是要坚持节约资源和保护环境的基本国策，坚持可持续发展，形成人与自然和谐发展现代化建设新格局，为全球生态安全做出新贡献。"因此，积极参与全球应对气候变化事业，顺应了国际形势的要求。

---

① 谭秋成：《作为一种生产方式的绿色农业》，载《中国人口·资源与环境》，2015年第9期。

在中国特色社会主义进入新时代的历史背景下，我国农业发展方向应当适应新时代主要矛盾的变化和经济发展新常态的要求。习近平指出："我们已进入新的发展阶段，现在的发展不仅仅是为了解决温饱，而是为了加快全面建设小康社会、提前基本实现现代化；不能光追求速度，而应该追求速度、质量、效益的统一；不能盲目发展，污染环境，给后人留下沉重负担，而要按照统筹人与自然和谐发展的要求，做好人口、资源、环境工作。"①

2. 绿色农业的立足点是为民谋福祉

民以食为天，食以安为先，农业生产发展方向关乎国计民生。习近平2003年就提出"高效生态农业"的发展战略，后来又强调"绿水青山就是金山银山"的发展理念，并强调保障粮食安全是农业生产的底线，推动粮食提质增产是发展绿色农业的一个重要着力点。

3. 绿色农业是改变传统农业发展形式的创新思想

改革开放以来，我国农业发展成就有目共睹，粮食产量不断突破新高度，然而以往传统农业发展理念建立在对资源和环境的消耗之上。习近平指出，"要正确处理好经济发展同生态环境保护的关系，牢固树立保护生态环境就是保护生产力、改善生态环境就是发展生产力的理念"②，"走生态优先、绿色发展之路，使绿水青山产生巨大生态效益、经济效益、社会效益"③，"生态就是资源、生态就是生产力"④。

"绿水青山就是金山银山"是对自然环境与经济发展关系的科学总结。与此同时，这种理念为绿色农业指出了发展路径，通过对农业农村生态环境的保护及农业生态价值的挖掘，找到了农业经济新的增长点，从而扭转了传统农业低效益与不可持续的局面。

---

① 习近平：《之江新语》，浙江人民出版社2007年版，第37页。
② 《习近平在十八届中央政治局第六次集体学习时的讲话》，载中国经济网，2013年5月24日，http://www.ce.cn/xwzx/gnsz/szyw/201305/24/t20130524_24417883.shtml。
③ 《习近平在深入推动长江经济带发展座谈会上的讲话》，载《求是》，2019年第17期。
④ 李警锐：《回访习近平考察伊春：从砍树到护林 冰雪化金银》，载人民网，2016年12月29日，http://politics.people.com.cn/n1/2016/1229/c1001-28986387.html。

4.绿色农业发展支撑点和着力点

(1)绿色农业需要清洁的自然资源和经济资源提供基础保障

绿色农业由生态农业发展而来,后者是在石化农业带来了水土污染、地力下降、生态环境承载能力退化等问题的背景下提出来的,其理念是运用生态系统平衡理念指导农业生产,使农业发展与生态环境良好共融。而绿色农业包含但不仅限于生态农业,其发展以保障农产品安全、生态环境安全、资源合理利用为目标,全面提高农业的综合效益。[①] 因此,绿色农业发展目标的实现如"保障农产品安全",必然以清洁的农业自然资源如清洁的水、无污染的土壤、较肥沃的地力等为基础保障。此外,绿色农业同样离不开农业经济资源作为基础保障,且其发展将先进的现代农业技术运用到农业生产之中,以全面提高农业的综合效益,从而对劳动力素质、农业技术装备和农业基础设施提出了更高的要求。

(2)绿色农业发展是经营主体绿色意识与现代农业科技叠加的重要成果

绿色农业通过应用先进的现代农业科技提高农业生产效率,取代了传统石化农业以化肥、农药等投入品的增加换取生产效率的生产方式,从而保障了农产品安全与生态环境安全。而符合绿色农业发展要求的现代农业科技,从研发到推广应用都离不开农业经营主体的绿色意识:农业经营主体绿色生产的愿望产生了对现代农业科技的需求,便进一步推动科技创新并使科技的推广与应用更加顺畅;而现代农业科技的应用提高了农业生产效益,使农业经营主体看到了绿色农业的好处,并促使农业经营主体产生了绿色的生产意识。因此,农业绿色发展是经营主体绿色意识与现代农业科技叠加的重要成果。

(3)宣传绿色农业思想形成农业生产、经营、消费的绿色自觉

当前,我国大部分农业生产经营者和农产品消费者缺乏绿色意识,绿色农业的发展受到制约。在农业生产端,大部分农业生产者往往选

---

① 李由甲:《我国绿色农业发展的路径选择》,载《农业经济》,2017年第3期。

择通过增加化肥、农药等方式实现农业增产，导致生态环境破坏与农产品污染，并由此导致农业科技创新的推广与应用面临着较大阻碍。在农产品消费端，我国消费结构的升级使许多消费者对农产品的质量提出了要求，但其中大部分人对于绿色食品的认识比较片面，如存在常常把"绿色"等同于"天然"等误区，由此使绿色食品的消费并没有得到足够的有效增长。因此，应积极宣传农业绿色精神，培养农业经营全产业链的绿色自觉，使农业绿色生产和消费理念深入人心，从而从根本上为绿色农业发展注入持久的动力。

五、全民参与：向全社会共建共享农业要关注力

十九大报告中提出"乡村振兴战略"，并提出"始终把解决好'三农'问题作为全党工作重中之重。要坚持农业农村优先发展，按照产业兴旺、生态宜居、乡风文明、治理有效、生活富裕的总要求，建立健全城乡融合发展体制机制和政策体系，加快推进农业农村现代化"。相较于党的十六届五中全会提出的社会主义新农村建设，乡村振兴战略强调一、二、三产业的融合发展和生产生活生态并存的理念，并将生态文明建设作为乡村建设的重点，为当前解决我国"三农"问题指明了方向。

乡村振兴战略旨在为"三农"寻找内生增长动力、促进城乡融合发展。对于农村内部而言，要提高农村自身生产力和市场竞争能力，要转变农业发展方式，贯彻"绿水青山就是金山银山"的发展思想，通过挖掘乡村生态与文化的价值，开发农业多功能，将乡村打造成生产、生活、生态"三生"并重的综合空间。对于农村外部而言，"城乡融合发展"旨在促进城乡之间要素合理流动。这就要求调动政府、社会、生产者和消费者等各方力量要共同参与，形成新时代全社会共享共建农业的共识。全民共建意味着农业由"真危险"到"有奔头"的转变，必须有全体人民的积极参与和共同建设，而全民共享则体现了让全民共享农业强起来的重要成果，只有将多元的力量都调动起来，共同参与、

共同治理、共同享有才能为新时代中国特色农业发展增添新动力。

（一）生产功能主导向"三生"并重转变奠定基础

坚持人与自然和谐共生是新时代中国特色社会主义思想的内涵之一，走生产发展、生活富裕、生态良好的文明发展道路，顺应了建设美丽中国、为人民创造良好生产生活环境的新形势。实施乡村振兴战略，必然要贯彻人与自然和谐共生的思想，摒弃传统生产功能主导的乡村发展思维，努力将乡村建设成为有利于生产发展、生活富裕、生态良好的综合空间，并为生产、生活、生态之间的有机融合与相互促进奠定基础。

1. 生产功能主导的农村发展忽视了乡村生态功能

我国农村建设一直以农业生产功能为主导，以农村居民点为例，农业生产功能一直是农村居民点生产功能的主导，1949—1977年，农户以种植业为主要生计来源，利用庭院及房前屋后种植蔬菜；改革开放至20世纪末，农户生计策略演变为种植、养殖和外出务工相结合，农户在宅基地内修建猪圈养猪，在庭院内散养家禽；21世纪以后，农户以种植和外出务工相结合为生计策略，将庭院硬化用来晾晒粮食、猪圈改造为储物间存放粮食和农机具。[1] 而随着农民收入增多及收入来源日趋多元化，农民对农村建设的生活功能的追求才不断强化。与此同时，乡村空间的生态功能在很长时间内却被忽视。

2. 统筹"三生"与"三农"助推农业农村可持续发展

"三生共赢"是将人类社会的发展目标定位于生活、生产与生态的协调发展，具体来讲，就是生活提高、生产发展与生态改善。[2] 农业农村的可持续发展应将"三生共赢"作为其发展目标。习近平强调，"中国要强，农业必须强；中国要美，农村必须美；中国要富，农民必须

---

[1] 张佰林、张凤荣、周建等：《农村居民点功能演变的微尺度分析——山东省沂水县核桃园村的实证》，载《地理科学》，2015年第35卷第10期。
[2] 田大庆、王奇、叶文虎：《三生共赢：可持续发展的根本目标与行为准则》，载《中国人口·资源与环境》，2004年第2期。

富"①。此外,将农业农村发展问题与"生产、生态、生活"有机统筹起来的理念充分体现在当前时期关于乡村建设的战略中。

3. 休闲农业为乡村走向"三生"并重发展提供路径

我国农业农村发展实现"三生共赢"的路径在于发展休闲农业,通过挖掘乡村独特的文化与生态价值,构建特色小镇,并利用"田园综合体"的试点探索休闲农业的实现形式。2016年2月,《国务院关于深入推进新型城镇化的若干意见》(国发〔2016〕8号)明确提出:充分发挥市场主体作用,推动小城镇发展与疏解大城市中心城区功能相结合、与特色产业发展相结合、与服务"三农"相结合,发展具有特色优势的休闲旅游、商贸物流、信息产业、先进制造、民俗文化传承、科技教育等魅力小镇。除了挖掘文化与生态价值的作用之外,休闲农业还能将传统农业从第一产业延伸到第三产业,为农业产业化的发展提供新路径;同时休闲农业包括各种蕴含创意的服务可以创造附加值,从而增加农民的收益,提高农民的生活质量。2017年2月5日,中共中央一号文件指出:支持有条件的乡村建设以农民合作社为主要载体、让农民充分参与和受益,集循环农业、创业农业、农事体验于一体的田园综合体,通过农业综合开发、农村综合改革转移支付等渠道开展试点示范,最终实现"村庄美、产业兴、农民富、环境优"的目的。

(二)新时代全社会共建共享农业添活力形成共识

1. 汇聚全社会力量,促进城乡良性互动

乡村振兴不仅需要从农业农村本身着手,从农业经营制度、农业科技、生态农业以及农业经营主体等方面提高供给质量、调整农业供给结构,更离不开通过城乡融合的路径使全民参与到乡村振兴战略中来。习近平在中央农村工作会议上指出:"要汇聚全社会力量,强化乡村振兴人才支撑。全面建立职业农民制度,加强农村专业人才队伍建设,发挥科研人才支撑作用,鼓励引导工商资本参与农村振兴,鼓励

---

① 中共中央宣传部:《习近平总书记系列重要讲话读本》,学习出版社、人民出版社2016年版,第157页。

社会各界人士投身乡村建设。"① 汇聚全社会力量到农业农村建设中来，必要的途径是吸引人才参与到乡村振兴战略中来。2018年中共中央一号文件指出，"实施乡村振兴战略，必须破解人才瓶颈制约。要把人力资本开发放在首要位置，畅通智力、技术、管理下乡通道，造就更多乡土人才，聚天下人才而用之"②，即从培育新型职业农民、农村专业化人才、科技人才等乡村人才，再到鼓励社会各界投身乡村建设，旨在为农村培育更高素质的内生型乡村人才，同时吸引更多外部人才投身到现代农业，为农业农村发展注入活力。

在健全乡村战略的人才支撑保障的基础上，要开拓投融资渠道，强化乡村振兴投入保障。习近平在2018年中央农村经济工作会议上指出，"建立健全实施乡村振兴战略财政投入保障制度，公共财政更大力度向'三农'倾斜；改进耕地占补平衡管理办法；健全适合农业农村特点的农村金融体系，强化金融服务方式创新，提升金融服务乡村振兴能力和水平"③。具体实施措施为，首先要确保财政投入的持续增长，并监督财政投入与乡村振兴目标任务相适应；其次要拓宽资金筹集渠道，通过土地制度改革建立和保障农民的土地财产权，使农村土地具备筹集资金的抵押资质；再次要提高金融服务水平，控制金融风险，健全适合农业农村特点的农村金融体系。④

城乡良性互动对建设农业现代化体系具有重要作用，早在2013年，习近平就提出构建现代产业发展新体系要求城乡良性互动，他指出，"要深化产业结构调整，构建现代产业发展新体系，抓住化解产能过剩矛盾这一工作重点，使我国经济发展提高质量、增加效益、增强后劲。要积极稳妥推进城镇化，推动城镇化向质量提升转变，做到工

---

① 《习近平在中央农村工作会议上的讲话》，载新华网，2017年12月29日，http://www.xinhuanet.com/politcs/2017-12/29/c_1122187923.htm。
② 《中共中央 国务院关于实施乡村振兴战略的意见》，载新华网，2018年2月4日，http://www.moa.gov.cn/xw/zwdt/201802/t20180205_6136402.htm。
③ 《习近平在中央农村工作会议上的讲话》，载新华网，2017年12月29日，http://www.xinhuanet.com/politcs/2017-12/29/c_1122187923.htm。
④ 《中共中央 国务院关于实施乡村振兴战略的意见》，载新华网，2018年2月4日，http://www.moa.gov.cn/xw/zwdt/201802/t20180205_6136402.htm。

业化和城镇化良性互动、城镇化和农业现代化相互协调"[①]。十八大报告着力强调城乡一体化发展思想，十九大报告又提出乡村振兴战略，并强调城乡融合发展。城乡一体化旨在以城带乡，然而由于我国城市具有强大的集聚效应，吸引了大量农村的劳动力，资金也难以流入低收益的农业领域，农业自身活力不足加剧了投入农业资金的获利难度，致使以城带乡的目标难以实现。因此，如何让人才和资本在政策的合理引导下自发地流向农村，并实现良性循环，成为乡村振兴战略的关键点。城乡融合发展思想，改变了以往城市带动农村发展的单向思维，从激发乡村内部经济发展活力来提高农村的吸引力，实现资源要素在城乡间的双向流动。

2. 支撑共建共享农业的基础条件

互联网为经济共享共建搭建了平台，其实质是将分散零碎的消费需求信息集聚起来，整合为系统化的分类信息，并及时反馈给供给方，实现需求与供给信息的精准匹配对接。第41次《中国互联网络发展状况统计报告》显示，截至2017年12月，我国城镇地区互联网普及率为71.0%，农村仅为35.4%。受农村地区互联网普及率的制约，通过网信技术带动农村经济发展的路径受阻，缺乏互联网平台的支撑难以实现共享农业的发展。在农业领域，借助"零边际成本"的互联网平台，汇总农户的供给与需求信息，同时将农产品和农业服务的需求方信息传递给供给方，实现供需两侧信息对接与动态分享，从而打破农业经济中普遍存在的供需双方信息不对称的困境，提高农业资源的利用率，从需求方着手为农业供给侧改革提供创新发展路径。

推进城乡融合发展，同样是探讨发展不平衡的双方如何实现协作发展，协同发展经济是基础，通过合作拓展完善农村公共服务体系的建设，改变农户的"头脑"、提升农民职业素质是从解决农村自身发展动能问题的根本途径。推进农业共建共享，需提升农民职业素质以适应现代农业的要求，并依托于农村公共服务体系的完善。据调查，上网技

[①]《习近平：构建现代产业发展新体系》，载中国共产党新闻网，2013年3月8日，http://cpc.people.com.cn/n/2013/0308/c64094-20728109.html。

能缺失以及文化水平限制是阻碍农户上网的最主要原因，因没有电脑、当地无法连接互联网等上网设施而无法上网同样是重要原因。因此应当着力普及农村基础教育、推广职业技能教育，完善农村社会服务基础设施建设，提高农村社会服务水平，以适应并更好服务于农业经济发展。

3. 开发农业多功能为共建共享农业注入活力

开发农业多功能，要求"多方融合、相互促进"。习近平在2013年提出，"构建科学合理的城镇化推进格局、农业发展格局、生态安全格局，保障国家和区域生态安全，提高生态服务功能"[①]，旨在推动生态农业发展，提高农业的生态服务功能。在农业经济发展条件方面，随着农业剩余劳动力持续转移、新型农业经营主体的涌现和土地流转市场的完善，农村土地流转必将有序规范化进行，为全面开发农业多功能提供了有利条件；同时，共享经济也将促进目前农村闲置耕地有偿使用的发展，促进实现人力资源和农业资本的快速、精准、高效配置，促进农业技术与农业知识的共享。在劳动力、土地规模、农业资本和农业技术通过共享经济实现高效配置的基础上，扩展农业发展格局，开发农业多种功能，促进休闲农业发展，有利于整合闲置荒废的土地、房屋、生态与文化资源，挖掘并显化农业生态价值，吸引社会关注力，并进一步提高农业的生态服务功能，形成农业商业价值与生态价值的良性互动。推动休闲农业与农耕文化传承发展、美丽田园建设、创意农业发展、传统村落传统民居保护、精准扶贫、林下经济开发、森林旅游、乡村旅游、新农村建设和新型城镇化等有机融合、相互促进、协调发展，可有力推动城乡一体化建设。

---

① 《习近平：坚持节约资源和保护环境基本国策 努力走向社会主义生态文明新时代》，载《人民日报》，2013年05月25日。

第四章　实现农村现代化：让农村成为安居乐业的美丽家园

习近平在党的十九大报告中首次提出实施乡村振兴战略，"乡村振兴"是解决当前乡村发展存在的问题，实现乡村全面现代化的重要战略部署。"乡村振兴"就是要建设一个产业兴旺、生态宜居、乡风文明、治理有效和生活富裕"五位一体"的乡村社会。习近平在2018年两会期间参加山东代表团审议时提出推动乡村产业、人才、文化、生态和组织"五个振兴"。乡村产业振兴即走乡村产业融合发展之路，优化乡村产业结构，让农业成为"最有干头、最有说头、最有看头，甚至是最有玩头的产业"①；乡村文化振兴即走乡村文化兴盛之路，留住"乡愁"，传承发展提升农耕文明；乡村生态振兴即走乡村生态宜居之路，让乡村生态环境的绿色与经济发展方式的绿色完美融合，建设美丽乡村；乡村组织振兴即走乡村社会善治之路，发挥乡村基层党组织、乡村村民自治委员会和乡村社会团体等的社会治理作用；乡村人才振兴即在乡村建设一支懂农业、爱农村和爱农民的"三农"工作队伍。

---

① 韩长赋：《农业是最有干头、最有说头、最有看头、最有玩头的》，载新华网，2018年3月16日，http：//www.xinhuanet.com/politics/2018-03/16/c.129829450.htm。

一、掌舵定向：走农村基层党建之路

农村基层党组织在新时期面临着新的任务。加强农村基层党组织建设是基层统筹解决"三农问题"和推进农村改革的迫切需要。党的十九大报告指出："实现伟大梦想，必须建设伟大工程。这个伟大工程就是我们党正在深入推进的党的建设新的伟大工程。历史已经证明并将继续证明，没有中国共产党的领导，民族复兴必然是空想。"推进党的建设新的伟大工程要牢牢打好根基，以基层党组织建设为重要着力点。十九大报告指出："党的基层组织是确保党的路线方针政策和决策部署贯彻落实的基础。要以提升组织力为重点、突出政治功能，把企业、农村等基层党组织建设成为宣传党的主张、贯彻党的决定、领导基层治理、团结动员群众、推动改革发展的坚强堡垒。"

（一）农村基层党建大喇叭重新响起来

宣传工作是党的工作的重要组成部分，基层党建工作的宣传是实现党和人民联系的重要途径。20世纪七八十年代大喇叭是农村一道独特的风景线，21世纪以来，大喇叭逐渐失去了声音。不少村干部感慨"人勤地生宝，人懒地长草，只见喇叭不见响，不怨喇叭怨村长"。农村群众对大喇叭并不陌生，取消农业税前，说起大喇叭群众普遍的反应是"先唱歌，再撒气，不是要钱，就是要粮"，但是，多年的喇叭空挂折射出了农村村级组织虚化的严重问题。随着经济建设的推进，我国的农村基层党组织发展出现了许多问题。新的传播媒介对各种思想文化传播广泛，基层党组织思想宣传明显滞后于其他思想文化宣传，导致党的思想与基层群众的认识严重脱节，党的政策在农村落地困难。笔者所参与的一个课题组曾在2017年7—8月份对休耕试点农村休耕政策执行情况进行调研，令调研人员费解的是很多农村群众参与了休耕工作，却不知道什么是休耕政策以及为什么休耕等，可见，基层党员干部对政策宣传不力。有的党员干部也对国家政策了解甚少，更谈不上对基层群众的普及教育。没有了党的思想、理论和政策的广泛宣传，党和基层群众的互动性就越来越弱。

2013年中央一号文件《中共中央国务院关于加快发展现代农业进一步增强农村发展活力的若干意见》强调："切实发挥基层党组织战斗堡垒作用，夯实党在农村的执政基础。扩大农村党组织和党的工作覆盖面，加强基层党组织带头人队伍建设。强化村干部'一定三有'政策，健全村级组织运转和基本公共服务经费保障机制，提升推动农村发展、服务农民群众能力。加强农民合作社党建工作，完善组织设置，理顺隶属关系，探索功能定位。加强农村党风廉政建设，强化农村基层干部教育、管理和监督，开展集中查办和预防涉农惠农领域贪污贿赂等职务犯罪专项工作，坚决查处发生在农民身边的腐败问题。"2014年中央一号文件《关于全面深化农村改革加快推进农业现代化的若干意见》在2013年中央一号文件提出加强农民合作社党建工作的基础上又进一步指出要加强农民合作社、专业技术协会等的党建工作，创新和完善组织设置，理顺隶属关系。同时，要总结宣传农村基层干部先进典型，树立正确舆论导向。大喇叭重新响起标志着党和农民的纽带紧了，村风民风改善了。大喇叭向农民及时宣传党和国家的方针政策、农业生产知识和法律法规等农民关心的各种信息，是农村特有的宣传形式。党的好政策来一件说一件，办一件播一件，党和群众的关系也会更加密切。①

农村"大喇叭""小板凳"的宣传方式可以使农村从茶余到饭后，从田间到地头随时随地学习新政策新知识。要把基层党组织建设成为宣传党的主张、贯彻党的决定、领导基层治理、团结动员群众、推动改革发展的坚强战斗堡垒。② 习近平强调："党的工作最坚实的力量支撑在基层，经济社会发展和民生最突出的矛盾和问题也在基层，必须把抓基层打基础作为长远之计和固本之策，丝毫不能放松。要重点加

---

① 《关注乡村组织振兴：村里大喇叭重新响起来》，载人民网，2018年6月1日，http://politics.people.com.cn/n1/2018/0601/c1001-30027015.html。

② 孔繁金：《改革开放不同时期中央一号文件中农村基层党建思想比较研究》，载《理论学刊》，2018年第1期。

强基层党组织建设,全面提高基层党组织凝聚力和战斗力。"①《中华人民共和国村民委员会组织法》第一章第四条规定:"中国共产党在农村的基层组织,按照中国共产党章程进行工作,发挥领导核心作用,领导和支持村民委员会行使职权;依照宪法和法律,支持和保障村民开展自治活动、直接行使民主权利。"2016年中共中央办公厅印发了《关于全体党员中开展"学党章党规、学系列讲话、做合格党员"的学习教育方案》,要求全党同志认真完成"两学一做"学习教育活动,有乡村利用重新响起的大喇叭学习党的知识,如贵州省三穗县创新了"干部抄党章,群众听喇叭"的学习方式,利用118套大喇叭语音信息服务终端,通过"三支讲师队伍",开设"三类学习套餐",用"三种渠道"提供支撑,全面启动了"党的声音进万家,总书记的话儿记心上"宣传活动,加深了基层党组织建设发展基础。②

党政军民学,东西南北中,党是领导一切的。当前,农村的基层党建"大喇叭"宣传工作开始稳步推进。河北省沧州市170多个乡镇的5757个行政村智能化广播系统已实现全覆盖,累计广播8.7万余期,村民收听覆盖率接近100%。有干部反映自从恢复了大喇叭,村党组织党员参加支部大会的积极性不断提高。"大喇叭"可以实现对农村思想阵地的占领,制止封建迷信思想乘虚而入,刹住农村红白喜事攀比之风。"大喇叭"一定程度上成为农村群众之间和党员干部之间相互监督的重要方式。"大喇叭"把农村的好人好事,坏人坏事播报出去,宣扬形成好的乡村氛围,遏制不良行为蔓延。"大喇叭"成为农村社会发展中发挥公众监督作用的"自媒体"和党建政策宣传的"主流媒体"。补齐农村党建工作和党建宣传的短板是今后党的工作需要持续发力的地方。

(二)实现"软弱涣散"到"坚强有力"

乡村振兴离不开组织振兴,基层党组织是实施乡村振兴战略的"主

---

① 《习近平在贵州调研时强调 看清形势适应趋势发挥形势 善于运用辩证思维谋划发展》,载新华网,2015年6月18日,http://www.xinhuanet.com/politics/2015-06/18/c_1115663598.htm。
② 《贵州三穗县:搭载"大喇叭"学习教育平台厚植基层党建》,载中国共产党新闻网,2016年7月14日,http://dangjian.people.com.cn/n1/2016/0714/c394199-28555012.html。

心骨"。基层党组织软弱涣散，乡村振兴步履维艰，基层党组织坚强有力，乡村振兴会蹄疾步稳。①习近平指出："党对农村的坚强领导，是使贫困的乡村走向富裕道路的重要保证。如何在农村实现党的领导，这是农村党组织的历史使命。如果没有一个坚强的、过硬的农村党支部，党的正确路线、方针政策就不能在农村得到具体的落实，就不能把农村党员团结在自己周围，也就谈不上带领群众壮大农村经济，发展农业生产力，向贫困和落后作战。……农村脱贫致富的核心是农村党组织，我们农村党组织能否发挥这样的核心作用，直接关系到脱贫致富事业凝聚力的强弱。"②农村基层党组织是党的思想和精神在农村弘扬的重要载体，加强农村基层党组织建设是实现农村全面发展的基础。

  农村基层党组织作为农村社会治理的重要力量，对农村社会生活的各个领域具有较强的组织和协调作用，加强基层党组织建设是创新乡村治理的重要方式。计划经济时期，农村处于党的一元化领导阶段，农村的大队党支部和公社党支部等对农村事务进行全面管理。随着社会主义市场经济的发展，农村的其他社会组织和经济组织等不断涌现，村民们的"自治"诉求也日益强烈。党的十六届四中全会从党的执政能力建设和"和谐社会"构建的高度，提出了构建"多元社会管理格局"的要求③，随着农村自治组织和社会组织的发展，党组织在农村治理中的作用逐渐被弱化，许多农村的党组织名存实亡，党组织严重缺位，只有党支部书记在农村社会管理事务中发挥作用，党组织的组织性作用逐渐被忽视。农村党组织明显出现了弱化、虚化和边缘化问题。这主要是因为农村基层党组织内部结构涣散，党员积极性发挥不足。农村党组织缺乏定期的党员培养以及成员换任的工作，党员年龄明显呈现老龄化趋势，年轻的党员人数明显较少。党支部发展党员的程序不规范，大部分党员对自己的选举权忽视，党员的培养成为村书记的"一

---

① 《关注乡村组织振兴：基层党自治这样强起来》，载《人民日报》，2018年5月29日。
② 习近平：《摆脱贫困》，福建人民出版社2014年版，第119页。
③ 尹杰钦、甘信芝、黎力：《农村基层党组织社会治理创新面临的挑战及其归因》，载《当代世界与社会主义》，2016年第6期。

言堂"。① 而且，农民入党的动力也逐渐被打消，大多数农民都对入党失去了认知。同时，党员的文化素质普遍不高，导致党组工作无法正常开展。由于党员对村级党支部内部工作认识局限，很多工作也力不从心。很多农村党组织内部都无生活制度，党员对党组织的认同度不断降低，党员对村集体及党内事务权利意识淡化，党的民主建设进程缓慢。有许多村级基层党组织不抓"党建"抓"土建"，在经济利益的驱使下，失去了党员应具备的素养。从2008年至2016年的《中国共产党统计公报》数据来看，每年发展的党员中职业为农牧渔民的人数在不断减少，2008年发展的共产党员中从事农牧渔的有55.9万名，2013年下降到42.63万名，2016年更是降到了34.1万名，下降幅度较快。虽然，农村的基层党组织普及率达到了99%，但是，新加入农村党组织的共产党员数量不断减少，使农村基层党组织工作开展越来越困难。除此之外，农村有知识、有文化和有能力的人大都外出，导致无人可选、无人可用。较差的农村基层党组织领导能力已经成为农村发展的重要限制性因素。

党中央十分重视农村党支部书记的重要作用，实现精准扶贫和全面建成小康社会必须发挥好"一把手"的作用。2016年中央一号文件《中共中央国务院关于落实发展新理念加快农业现代化实现全面建成小康目标的若干意见》又明确提出要提高基层党组织的执政水平，并要求抓好"第一书记工作"，健全以财政投入为主的经费保障制度，落实村级组织运转经费和村干部报酬待遇，并创新性地提出要加强改进大学生村官工作。乡村振兴战略包括优秀青年农民中发展党员的力度，建立农村党员定期培训制度等举措②，为乡村基层党组织吸引人才提供了巨大的支撑。2017年中央一号文件《关于深入推进农业供给侧结构性改革加快培育农业农村发展新动能的若干意见》提出要实行村党组织书记县级备案管理，强化村级组织运转经费保障，发展壮大村级集

---

① 袁雯雯：《城乡一体化进程中农村基层党组织存在的问题、原因分析及对策研究》，聊城大学2017年硕士论文。
② 《中共中央国务院关于实施乡村振兴战略的意见》，2018年1月2日。

体经济，扎实推进抓党建促脱贫攻坚工作，充分发挥村党组织第一书记的重要作用。

二、激发活力：走乡村产业融合之路

乡村产业融合之路是以工业的理念去发展农业，具有以农业农村为基础，创新农业农村发展思路，完善农业农村要素流动、技术使用，延伸农业发展产业链，挖掘农业多重功能，发挥新型农业经营主体带动作用等特征的新发展模式，是带动农民增收，促进农村繁荣和实现城乡融合发展的重要举措。改革开放以来，城市化进程不断加快，乡村资源开始向城市外流，农村劳动力自1960年以来减少了47%，乡村产业逐渐衰落。①乡村产业融合的"大农业"发展思路在很早的时候就形成了，主要表现在倡导乡村产业链的延伸。随着乡村社会的不断发展，乡村产业融合发展的理念不断丰富，乡村产业的转型升级成为实现乡村产业融合的又一路径。2015年中央一号文件首次提出推进乡村产业融合发展，主要从激发新型农业经营主体在乡村产业融合发展中的重要作用，延长乡村产业链和挖掘农业的多功能性等方面来实现乡村产业融合发展。

（一）传统"小农业"升华现代"大农业"

提到乡村产业发展，大多数人印象中还是以小农经营为主的传统种植业的发展，这是乡村产业长期单一的农业生产方式赋予我们的认知。习近平在福建省工作期间为解决福建贫困地区脱贫致富问题曾强调大农业思想的重要性。他指出大农业是朝着多功能、开放式、综合性方向发展的立体农业。发展大农业主要是为了解决小农业发展中遇到的粮食生产能力、家庭联产承包责任制约束、农业综合开发和科技兴农等问题。小农业向大农业的转变重要的是转变观念，树立大粮食观念、农林牧副渔全面发展观念和追求农业生产商品率等观念。②目前，

---

① 周立、李彦岩、王彩虹、方平：《乡村振兴战略中的产业融合和六次产业发展》，《载新疆师范大学学报》（哲学社会科学版），2018年第3期。

② 参见习近平：《摆脱贫困》，福建人民出版社2014年版，第178-190页。

随着经济的发展，乡村林业、种植业和养殖业等不断发展，实现了第一产业的全面发展，但是二、三产业发展还不充分不协调，一、二、三产业融合发展进程始终比较缓慢，农业的多功能性也未得到充分发挥。在农村居民可支配经营净收入中，第一产业净收入长期占较大比例。2013年第一产业净收入占农村居民可支配经营性收入的72.17%，2015年也仍占70.03%。但是，就第二产业农产品加工业来看，农产品加工业地区间发展不协调，农产品加工业集聚态势突出，行业和空间差异明显。以农产品加工业的销售产值为计算依据，2015年我国农产品加工业CR5值为50.06%，12个行业中有8个行业的CR5值超过50%，纺织业、纺织服装、服饰业、皮革、毛皮、羽毛及其制品和制鞋业集聚程度最高，CR5值均在60%以上，主要集聚在东部地区；东部地区的山东、江苏、广东和浙江四个省共占农产品加工企业销售产值的42.60%[①]，全国东中西部乡村产业发展的差距还需进一步协调。

多类型的农业产业融合方式可以激发一、二、三产业融合发展的活力。农村产业融合发展首先要优化第一产业内部结构，包括农牧结合、农林结合等农业种养殖结构的优化。在此基础上要延伸农业产业链，鼓励发展烘干仓储、代耕代种等市场化、专业化服务，支持农产品特色加工产业的发展，实现农产品产销的对接。同时，农业产业的融合发展可以与农村的新型城镇化建设有机结合，将乡村二、三产业向县城、重点乡镇等集聚，既可以发展乡村产业又可以实现对农村转移人口的承接。乡村一、二、三产业融合协调发展是实现农产品质量提高、农业效益增加、农村社会化服务提升、农业生产技术创新和农村特色发挥的关键。充分发挥乡村一、二、三产业的发展效益是乡村产业融合发展的基础性工作。农业生产要不断适应社会发展的需求，依据发展实际情况适时作出调整。

当前，农业生产结构性供需矛盾依然存在，如大豆、蔗糖生产等。1995年我国还是大豆净出口国，2014年大豆自给率就下降到了14.6%，

---

① 何安华、秦光远:《中国农产品加工业发展的现状、问题及对策》，载《农业经济与管理》，2016年第5期。

进口7000多万吨，自产只有1200万吨；2012年我国蔗糖产量1178.8万吨，总消费量1403.92万吨，进口量高达374.7万吨，由供大于求迅速转为供不应求，之后几年也是如此。①农业生产的供求矛盾不仅体现在农产品数量上，还体现在农产品质量上。我们的农业生产绿色化需求日益增强，无论是农业生产过程还是农产品本身都要追求绿色。农业生产要减少化肥、农药的使用，改善耕地质量，提升耕作技术，生产出能够满足消费者需求的绿色健康农产品。低端的农产品最终将被市场淘汰。第一产业中的养殖业在发展中也存在养殖结构不合理和养殖方式不恰当的问题，主要表现为畜禽养殖粪污处理不到位、南北养殖结构单一、人畜争粮等。乡村第二产业在发展中也存在资源综合利用率低、产品增值率低等问题。农产品加工精度不足，还处在初加工阶段，农产品加工的副产物利用不足，且农产品加工业的技术创新能力和竞争力等都有待进一步提高。发达国家的农产品加工业增值为5—8倍，而我国的农产品加工增值不足两倍。②据报道，2013年我国粮油、果蔬、水产品加工副产物约5.8亿吨，其中60%作为废物丢掉或简单堆放；粮食加工副产物中，稻壳利用率不足5%，米糠不足10%，碎米为16%，其他类农产品加工副产物综合利用率也较低。③

近年来，各地也一直在挖掘乡村文化的新功能，发展乡村休闲、生态旅游，以更文明、更绿色的方式带动乡村产业融合发展。游客到乡村旅游，不光吃住消费，购买农副土特产也是一项重要消费，可以带动农副产品加工业规模化、品质化发展。乡村旅游将是继乡镇企业、进城务工之后，农民的第三次创业机会。④但是，目前乡村旅游业的发展与乡村种、养、加、销连接不完全，对乡村一二产业的带动效能不能充分发挥。大多数乡村旅游业以打造乡村景观为主，对乡村传统文化和乡土气息破坏较为严重，且乡村旅游业的发展对普通农户收益的

---

① 刘奇：《大国三农　清华八讲》，中国发展出版社2016年版，第106页。
② 刘奇：《大国三农　清华八讲》，中国发展出版社2016年版，第112页。
③ 《农产品加工副产物损失惊人综合利用效益可期》，载《农民日报》，2014年8月9日。
④ 刘奇：《大国三农　清华八讲》，中国发展出版社2016年版，第42页。

增加作用不强。乡村旅游业的发展模式还需进一步完善。乡村内部发展的主观能动性差,往往依赖于政府的支持,乡村旅游特色并不突出。乡村休闲、生态旅游等新的发展形势还需进一步规划、完善,以确保形成具有优势和特色的乡村产业融合发展方式。在一些特色乡镇还可以在建立一乡(县)一业、一村一品,发挥乡村特色上进一步挖掘乡村农业的多种功能性,推进农业与旅游、教育、文化、健康养老等产业深度融合。积极探索农业发展新业态,利用"互联网+"等形式完善农业的生产经营体系。①

目前,我国乡村产业中"互联网+"的农业新业态开始出现,为乡村产业的融合发展奠定了基础。互联网以价值链为纽带,把服务做到农业全产业链条的各个环节,倒逼着农业企业由"泰勒制"向"云端制"方向转变。②2015年,全国各类涉农电商超过3万家,农产品电子商务额达到1500多亿元,但是,由于乡村信息基础设施、农业信息装备不完善,信息技术人才稀缺和政策设计不完备,乡村"互联网+"农业发展还较为缓慢。党的十八大以来,习近平更加强调科技进步对现代的重要作用,在山东农科院考察时指出:"农业出路在现代化,农业现代化关键在科技进步。我们必须比任何时候都更加重视和依靠农业科技进步,走内涵式发展道路……给农业插上科技的翅膀,按照增产增效并重、良种良法配套、农机农艺结合、生产生态协调的原则,促进农业技术集成化、劳动过程机械化、生产经营信息化、安全环保法治化,加快构建适应高产、优质、高效、生态、安全农业发展要求的技术体系。"③

(二)传统"单打独斗"转型农村组织化

乡村一、二、三产业融合发展仅依靠传统小农的力量是很难实现的,需要构建带动乡村产业融合发展的多元化主体。不同的主体在乡

---

① 国务院办公厅:《国务院办公厅关于推进农村一、二、三产业融合发展的指导意见》,2015年12月30日。
② 刘奇:《大国三农 清华八讲》,中国发展出版社2016年版,第41页。
③ 习近平:《认真吸取教训注重举一反三 全面加强安全生产工作》,载新华网,2013年11月24日,http://www.xinhuanet.com/politics/2013-11/24/c_118270861.htm。

村产业发展中有不同的定位，农民合作社和家庭农场处于基础地位，龙头企业具有示范带动作用，供销合作社有连接新型农业经营主体实现农产品全面流通的作用，而一些行业协会和产业联盟具有一定的领导作用。组织化的发展方式是应对乡村市场化发展道路，增强农村发展能力，实现农业农村现代化发展的必然选择。

农村走组织化的道路是应对市场信息不对称和解决农民群体高度分散，维护农民利益的重要举措。农民作为单个的个人，在市场中竞争力有限，且不组织起来可能导致农村市场的不公平竞争，进而产生垄断。走组织化的道路可以让农民形成一个有机的整体，降低进入市场的成本，并在市场中具有谈判地位。[1]将广大农民组织起来需要合理的利益联结机制。乡村产业发展主体间利益的紧密连接是乡村产业实现融合发展的重要保障。国家一直在尝试建立多种形式的利益联结机制以提高农村的整体发展潜力，为调整农业种植结构，减少农业生产的盲目性和价格波动对农业的影响，国家创新性地提出要发展订单农业。主要是在龙头企业的带动下与农户、家庭农场、农民合作社等签订农产品购销合同，通过互相合作的形式实现主体间的利益共享；并鼓励农户以经营权入股的形式获得收益，对农民在农业经营中的问题及时处理，积极保护各主体在融合发展中的利益。[2]部分省份探索出了"公司+合作社（基地）+农户"的利益联结模式，辐射带动了周围较多农户的增收。[3]

新型农业经营主体概念提出之前，我国农业经营主体以小农户为主，具有精耕细作的特征，农业生产效率相对较低。现在，强调构建包括家庭农场、专业农户、合作社、社会化服务组织、龙头企业和小农户六大主体的新型农业经营体系。协调好各参与主体间关系对于乡村一、二、三产业融合发展至关重要。但是，我们必须明确中国有2.3

---

[1] 习近平：《中国农村市场化建设研究》，人民出版社2001年版，第204页。
[2] 国务院办公厅：《国务院办公厅关于推进农村一、二、三产业融合发展的指导意见》，载中国政府网，2016年1月4日，http://www.gov.cn/zhengce/contet/2016-01/04/content_10549.htm。
[3] 《农村产业融合：须强化与农民利益联结机制》，载《经济参考报》，2016年12月5日。

亿土地承包农户，参与土地流转的农户不到30%，小农户经营始终在农业生产中居于主要地位。① 在乡村产业融合发展中，维护好农民利益，充分发挥其他主体的带动作用，形成良好联动机制是基础。不同的新型农业经营主体在发展中都应该有自身的功能定位，当前，我们的新型农业经营主体无论是在自身发展还是在带动农民发展过程中都存在许多问题。新型农业经营主体中的专业大户和家庭农场是比小农户生产经营规模稍大的经营主体，家庭农场相对专业大户来说市场化和商品化的意识相对较强，但从本质来看与小农户并无差别，农业的社会化服务功能相对较弱。同时，各省的许多家庭农场也是在政府政策扶持下建立的，独立生产能力不强。合作社相较于家庭农场和专业大户在农业产业产加销、农业社会化服务提供和乡村旅游新业态等方面发挥着重要作用，本应是带动农户联合增收的重要载体，却在实际中以一种企业的形式独立发展，甚至损害农民利益。较多农业合作社只是借用农民的身份信息成立，与农民及实际农业生产并无关系。而龙头企业更多的处在农业的加工和销售端，能较多地通过合同的形式与其他主体实现联接。这些新型农业经营主体在发展过程中都表现出一定的封闭性，彼此间利益联结机制不明确，没有形成一个联动的新型农业经营主体体系，导致新型农业经营主体总体市场竞争力不足。十八大以来，国家加快构建新型农业经营体系，培育新型农业经营主体，发展多种形式规模经营，构建集约化、专业化、组织化、社会化相结合的新型农业经营体系。新型农业经营主体为乡村的发展注入了经济力量，缓解了国家和集体的压力，新型农业经营主体应该成为带动农民增收的新力量，以实现乡村产业的规模化发展。

走组织化、市场化发展道路离不开乡村基础设施的完善，乡村基础设施建设对乡村产业发展具有约束作用，改善乡村的基础设施条件是乡村发展一直在推进的工作。改善乡村基础设施建设首先是改善乡村交通和农民基本生活条件。2017年国务院办公厅《关于创新农村基

---

① 刘奇:《大国三农　清华八讲》，中国发展出版社2016年版，第91页。

础设施投融资体制机制的指导意见》指出，到2020年，"农村基础设施条件明显改善，美丽宜居乡村建设取得明显进展，广大农民共享改革发展成果的获得感进一步增强"。①乡村在水、电、路等改善的基础上要完善乡村的物流网络体系，实现乡村和城镇产品和资源的合理流动。2015年国务院办公厅《关于促进农村电子商务加快发展的指导意见》提出："加强交通运输、商贸流通、农业、供销、邮政等部门和单位及电商、快递企业对相关农村物流服务网络和设施的共享衔接，加快完善县乡村农村物流体系，鼓励多站合一、服务同网。鼓励传统农村商贸企业建设乡镇商贸中心和配送中心，发挥好邮政普遍服务的优势，发展第三方配送和共同配送，重点支持老少边穷地区物流设施建设，提高流通效率。加强农产品产地集配和冷链等设施建设。"②对于发展特色旅游的乡村来说乡村基础设施建设尤为重要。2016年中央一号文件《关于落实发展新理念加快农业现代化实现全面小康目标的若干意见》明确要通过以奖代补、先建后补、财政贴息和设立产业投资基金等方式着力改善休闲旅游重点村的进村道路、宽带、停车场、厕所、垃圾污水处理等基础设施建设。③只有以完备的乡村基础设施做支撑，乡村产业发展才会更加顺畅。

走组织化市场化发展道路离不开农业生产体系的构建。推进农业现代化的体系包括现代农业产业体系、现代农业生产体系和现代农业经营体系。农业发展的体系构建是推进乡村振兴战略的重要抓手。党的十九大报告提出："实施乡村振兴战略……构建现代农业产业体系、生产体系、经营体系，完善农业支持保护制度，发展多种形式适度规模经营，培育新型农业经营主体，健全农业社会化服务体系，实现小农户和现代农业发展有机衔接。"农业产业体系、农业生产体系和农业

---

① 国务院办公厅：《关于创新农村基础设施投融资体制机制的指导意见》，载中国政府网，2017年2月17日，http://www.gov.cn/zhengce/contet/2017-02/17/ccntent_5168733.htm。

② 国务院办公厅：《关于促进农村电子商务加快发展的指导意见》，载中国政府网，2015年11月9日，http://www.gov.cn/zhengce/contet/2015-11/09/content_10279.htm。

③ 中共中央、国务院：《关于落实发展新理念加快农业现代化 实现全面小康目标的若干意见》，载中国政府网，2016年1月27日，http://www.gov.cn/zhengce/contet/2016-01/27/content_5036698.htm。

经营体系是互为补充的，农业生产体系和农业经营体系是农业产业体系的重要支撑。农业生产体系强调农业生产中技术装备的重要作用，通过创新性的现代科学技术来改造农业生产方式，提高农业资源利用效率，进而提高农村生产综合实力。农业经营体系是农业经营主体、经营方式和经营效益等问题的集合。农业经营主体的完善和经营方式的创新有利于农业产业化水平的提升。当前，新型农业经营主体的融合发展一定程度上解决了"谁来种地"以及以何种规模何种形式来从事农业生产的问题。农业产业体系是对农业结构的调整，利用农林牧渔第一产业内部的全面发展和一、二、三产业的融合来提升农业的整体发展水平。

走组织化市场化发展道路离不开国家金融体系的支撑。1985年以前，农村金融机构发展经历了建国后多家农村信用合作组织产生到1955年3月成立中国农业银行，再到后来中国农业银行三次撤销，农村金融对农村生产生活的作用相对较小。[①]1985年后，国家放开对金融的管制，一些商业银行进入农村，农村金融市场取得发展，但是，从1997年开始，原来在农村设有网点的工农中建四大国有商业银行为了降低成本，纷纷将分支机构撤离农村，退出农村市场，对农村实行只存不贷，从农村"抽血"，输向城市、输向工业一边倒的方针。[②]作为乡村发展资金供给重要主体的中国农业银行1996—2006年间共减少了41198个农村网点。而且较多农村金融机构都分布在县城，乡镇金融机构较少，2006年底全国有8231个乡镇只有一个银行网点，有3302个乡镇没有银行网点。[③]乡村金融机构的贷款业务较多也不对小农户开放，全国并没有建立起能够与农业现代化发展相适应、具有竞争性和活力的乡村金融体系。金融支持是乡村产业发展的短板，农民借贷缺乏抵押品和质押品来保障还款能力，加之对于银行来说，农民借贷业务的投入产出比相对较低，导致银行主动向农民提供贷款的动力不足。有调研结果表明，农民在有借贷需求时，有62.16%的农民会倾向于选择

---

① 丁武民:《乡村发展过程中的金融支持研究》，中国海洋大学2010年博士学位论文。
② 刘奇:《大国三农 清华八讲》，中国发展出版社2016年版，第8页。
③ 中国银监会:《中国银行业乡村金融服务分布图集》，2007年6月28日。

向亲戚朋友进行借贷，有37.84%的比例倾向于向金融机构借贷。① 从我国的农民存贷款数据和农村经济增加值的数据来看，我们农民的贷款额度相对较少，较多的贷款资金流入一些农业企业，进而带动农民经济的发展。② 1978—2009年间，农村居民的存款由234亿元增加到64090亿元，而贷款额仅由150亿元增加到30652亿元。③ 2013年中央一号文件提出要"强化金融机构服务'三农'职责"，要求稳定大中型商业银行的县域网点，强化商业金融对"三农"和小微企业的服务能力，提高贷款比例，完善贷款政策。在管理民主、运行规范、带动力强的农民合作社和供销合作社基础上，培育发展农村合作金融，不断丰富农村地区金融机构类型。④ 当前，农村发展的组织化必须保证国家的金融支持。

近年来，国家加大了对新型农业经营主体的财政补贴和税收优惠政策，扶持了一大批新型农业经营主体的发展，也带动了工商资本下乡投资乡村产业的发展。国家对不同新型农业经营主体综合采用直接补贴、政府购买服务、定向委托、以奖代补等方式，以增强补贴政策的针对性实效性。农机具购置补贴等政策向新型农业经营主体倾斜。支持新型农业经营主体发展加工流通、直供直销、休闲农业等，实现农村一、二、三产业融合发展。落实农民合作社税收优惠政策，并鼓励金融机构加大对新型农业经营主体的信贷业务，改善农户和新型农业经营主体的贷款抵押方式，探索开展粮食生产规模经营主体营销贷款和大型农机具融资租赁试点，积极推动厂房、生产大棚、渔船、大型农机具、农田水利设施产权抵押贷款和生产订单、农业保单融资。同时，在农村发展普惠性的金融。2018年中央一号文件指出要明确"国

---

① 朱信凯、徐星美：《一、二、三产业融合发展的问题与对策研究》，载《华中农业大学学报》（社会科学版），2017年第4期。
② 周品戈、刘纯阳：《农村金融规模、农业产值和农民收入相关性分析——基于省域视角并以湖南省为例》，载《湖南农业大学学报》（社会科学版），2015年第2期。
③ 赵洪丹：《中国农村经济发展的金融支持研究》，吉林大学2016年博士学位论文。
④ 中共中央办公厅、国务院办公厅：《关于加快构建政策体系培育新型农业经营主体的意见》，载中国政府网，2017年5月31日，http://www.gov.cn/zhengce/contet/2016-01/27/content_5036698.htm。

家开发银行、中国农业发展银行在乡村发展中的职责定位,强化金融服务方式创新,加大对乡村振兴中长期贷款的支持"。同时将普惠金融的重点放在农村,探索"保险+期货""订单农业+保险+期货(权)"试点。①农村金融发展政策的完善可为乡村组织化发展保驾护航。

三、创新治理:走乡村社会善治之路

乡村治理是国家治理的重要组成部分,创新乡村治理是实现乡村振兴的必然路径。乡村治理是系统治理、依法治理、源头治理和综合治理的统一,要加强创新社会治理,重视化解农村社会矛盾,学习推广"枫桥经验",争取做到"小事不出村,大事不出镇,矛盾不上交"②,要坚决打击乡村小微腐败行为,约束村级权力,以营造良好村级政治氛围。

(一)村级权力"小清单"惩治"大腐败"

村级组织权力看似微小,实则"魅力无穷",小官大贪的案例为我们加强基层组织权力约束敲响警钟。农村微腐败与农村基层党员干部法治意识薄弱、农村基层党组织涣散和基层监督机制不完善等原因密切相关。完善乡村治理不能再对基层公权力约束懈怠,必须创新治理方式,彻底解决基层腐败问题。不少人认为农村腐败将是中国最大的腐败,农村腐败是农村摆脱贫困的重要阻碍,严重影响了农村社会稳定和良好道德秩序的维护。

2015年最高职务犯罪预防厅副厅长陈正云通报了2013年至2015年5月全国查办的涉农和扶贫领域职务犯罪情况,这期间全国共查办涉农和扶贫领域的职务犯罪28894人,占同期检察机关立案查办职务犯罪总人数的22%,涉及农业和扶贫领域的职务犯罪处于易发多发态势,

---

① 中共中央、国务院:《关于落实发展新理念加快农业现代化 实现全面小康目标的若干意见》,载中国政府网,2016年1月27日,http://www.gov.cn/zhengce/contet/2017-05/31/content_5036698.htm。
② 中共中央宣传部:《习近平总书记系列重要讲话读本》,学习出版社、人民出版社2016年版,第226页。

小官涉贪现象明显。一些省份村"两委"负责人案件超过了整个涉农扶贫领域职务犯罪的半数，有的市县更高达70%至80%。[①]2017年全国各省份共查处涉农乱收费问题案件3506件，查处有关部门和单位向村级组织摊派问题案件614件，共减轻农民负担3.7亿元。但是，农民负担仍然因为这些低素质的"三农"工作人员的存在而很难真正减负。

2013年中央一号文件首次明确强调关注发生在农民身边的腐败问题，文件指出："加强农村党风廉政建设，强化农村基层干部教育、管理和监督，开展集中查办和预防涉农惠农领域贪污贿赂等职务犯罪专项工作，坚决查处发生在农民身边的腐败问题。"2017年中央一号文件再次提出重视农民身边的腐败问题，提出"县乡纪委要把查处侵害群众利益的不正之风和腐败问题作为主要工作任务。加强农民负担监管。完善村党组织领导的村民自治有效实现形式，加强村务监督委员会建设，健全务实管用的村务监督机制，开展以村民小组、自然村为基本单元的村民自治试点工作"。全国各地不断探索基层民主政治有效推行的制度保障，河南省推行的"四议两公开"制度曾写入2010年中央一号文件，浙江省也通过"五议决策法"保证决策公平公开，防止村干部贪污腐败。2014年浙江宁海在"五议五决策法"的基础上制定了村级权力清单36条，2018年村级小微权力清单制度写入中央一号文件。文件要求全国推进村级微小权力清单制度，加大对基层小微权力腐败惩处力度。对惠农补贴、集体资产管理和土地征收等领域的腐败问题进行严格整治。

村级小微清单制度是为适应经济发展需要，防止经济发展伴生的农村腐败问题而制定的。浙江宁海最初制定村级权力清单是由于县城周边的乡镇普遍出现村干部贪污腐败问题，小官巨贪情况十分严重。宁海权力清单36条主要包括村级重大决策事项、村级招投标管理事项、村级财务管理事项、村级工作人员任用事项、阳光村务事项、村级集体资产资源处置事项、村民宅基地申请事项、村民救助救灾款申请事

---

① 戴佳：《2013年至今年5月，全国检察机关查办涉农和扶贫领域职务犯罪28894人——涉农资金管理使用环节案件多发》，载《检察日报》，2015年7月22日。

项、村民用章管理事项、计划生育服务事项和服务村民其他事项等方面内容。有些省份创新权力清单制度，因地制宜地制定权力清单，如甘肃省玉门市制定《村级权力清单37条》，37条包含重大决策、三资管理、财务管理、人事管理等11个方面，大到村级重大决策、集体资产处置、农村宅基地审批，小到印章管理、党组织关系的迁转等便民服务事项制定运行流程图，基本实现了村级组织和村干部行使村务权力内容的全覆盖。通过给村官行使"小微权力"制定固定的"路线图"，真正把"小微权力"晒在了"阳光"下、装进了制度的"笼子"①。将浙江宁海的权力清单36条进行推广，可以规范农村公共事务管理程序，明确公共事务管理权责，对打击基层政府腐败思想和惩治农村腐败问题意义重大。

（二）法治乡村建设与道德教化同向同行

现代治理与管理最大的区别就是主体的多元化和手段的多样化。治理理论的基本要义就是在承认国家与市场、国家与社会相对分离的基础上，强调多元治理主体通过互动、协商建立合作伙伴关系，共同管理社会公共事务，实现社会"善治"的目标。科学合理的国家治理体制是国家治理体系的有机组成部分，是实现国家治理现代化的必备条件。②习近平指出："治理和管理一字之差，体现的是系统治理、依法治理、源头治理、综合施策。"要以最广大人民利益为根本坐标，创新社会治理体制，改进社会治理方式，构建全民共建共享的社会治理格局。③习近平强调基层治理既要讲法治又要讲德治，重视发挥道德教化作用，把法律和道德的力量、法治和德治的功能紧密结合起来，把自律和他律紧密结合起来，引导全社会积极培育和践行社会主义核心价值观，

---

① 《制定村级权力清单 管住基层"小微权力"》，载玉门廉政网，2018年5月16日，http://www.ymjw.gov.cn/Item/Show.asp?m=1&d=631。
② 朱余斌：《建国以来乡村治理体制的演变与发展研究》，上海社会科学院2017年博士学位论文。
③ 中共中央宣传部：《习近平总书记系列重要讲话读本》，学习出版社、人民出版社2016年版，第224页。

树立良好道德风尚，防止封建腐朽道德文化沉渣泛起。①

我国"乡政村治"的体制是在我国农村家庭联产承包责任制改革的推动下产生的。"乡政村治"理论上可以充分发挥村民管理农村的积极性和主动性，提高乡村治理水平；但是，乡村基层自治组织的独立性一直较弱，行政化色彩始终较为严重。《村民委员会组织法》第四条规定："乡、民族乡、镇的人民政府对村民委员会的工作给予指导、支持和帮助，但是不得干预依法属于村民自治范围内的事项。村民委员会协助乡、民族乡、镇的人民政府开展工作。"村民委员会与乡镇人民政府在工作中形成了领导与被领导的关系。当前的乡村治理中还存在着乡村文化衰落、党政不分、基层组织过度行政化、社会化和市场化力量薄弱等问题，与全面实现乡村治理现代化存在较大差距。随着城镇化进程的加快，乡村大量青壮年劳动力外出务工，乡村"老龄化""空心化"问题严重，乡村整体治理结构涣散。城市文化潜移默化地影响着乡村文化的变迁，传统乡村道德规范和村规民约在乡村社会治理中发挥的作用越来越小。淳朴的乡风和浓浓的乡土人情逐渐消失，乡村治理环境也变得日益复杂化。乡村内部的党组织和村民自治组织之间关系不明确，村民委员会受乡镇行政机关支配，成为乡镇行政机构的附属品，唯乡镇命令至上，失去了自治活力。传统乡村社会组织逐渐减少，原有的乡村地区家（宗）族、宗教等传统社会组织逐渐在乡村中失去地位。乡村的红白事理事会、乡贤理事会、老年人协会等社会组织组织化程度低，发展相对滞后，没有能力融入到乡村社会治理网络中。②乡村村民对乡村治理缺乏责任意识，对乡村公共事务的参与度低，乡村治理最核心成员的力量没有激发。乡村的法治建设也相当薄弱，乡村村民的规范意识较低，对相关法律法规了解较少。

党的十九大报告指出，要加强农村基层基础工作，健全自治、法治、德治相结合的乡村治理体系。2015年中央一号文件《关于加大改

---

① 《习近平李克强栗战书赵乐际分别参加全国人大会议一些代表团审议》，载人民网，2018年3月11日，http://cpc.people.com.cn/n1/2018/0311/c64094-29860437.html。

② 朱余斌：《建国以来乡村治理体制的演变与发展研究》，上海社会科学院2017年博士学位论文。

革创新力度加快农业现代化建设的若干意见》提出要创新和完善乡村治理机制，探索符合各地实际的村民自治有效实现形式，激发农村社会组织活力，重点培育和优先发展农村专业协会类、公益慈善类、社区服务类等社会组织。并强调农村是法治建设相对薄弱的领域，必须加快完善农业农村法律体系，同步推进城乡法治建设，善于运用法治思维和法治方式做好"三农"工作；同时要从农村实际出发，善于发挥乡规民约的积极作用，把法治建设和道德建设紧密结合起来。2018年中央一号文件《中共中央国务院关于实施乡村振兴战略的意见》提出建设法治乡村，提升乡村德治水平。从增强基层干部法治理念，提高执法人员执法力量，完善农村土地承包经营纠纷调处机制，提高农民尊法学法守法用法意识，健全农村公共法律服务体系和挖掘乡村熟人社会道德规范等方面提出了新要求。2018年中央农村工作会议将创新乡村治理体系，走乡村善治之路作为实现乡村振兴战略的路径之一，要求建立健全党委领导、政府负责、社会协同、公众参与、法治保障的现代乡村社会治理体制，健全自治、法治、德治相结合的乡村治理体系，加强农村基层基础工作，加强农村基层党组织建设，深化村民自治实践，严肃查处侵犯农民利益的"微腐败"，建设平安乡村，确保乡村社会充满活力、和谐有序。

四、留住乡愁：走乡村文化兴盛之路

乡村文化是乡村居民在特定的社会环境中创造出来的文化，是乡村居民与乡村自然在相互作用过程中所创造出来的一切物质产品和精神产品的总和，包括人文之美的乡村居民建筑文化、厚重的农耕文化、自然本位的乡村饮食文化、丰富多彩的乡村民俗文化、具有浓郁乡土特征的乡村艺术文化等方面。[①]"乡愁"是乡村文化在人们心中的烙印，乡愁寄托了从乡村走出的人们最朴实的记忆。可是，我们乡村文化的衰落逐渐让人失去了乡愁。政府"喂食"式的文化建设机制更是很难

---

① 张岩，王立人：《挖掘乡村文化 促进乡村旅游可持续发展》，载《农业经济》，2008年第12期。

激发农民群众心中文化的热情,点燃农村的文化火种,培养出农村文化的造血功能。① 乡愁既是一种精神追求也是一种文化情感,记住乡愁就是要保护好乡村文化,最大层面满足人们的精神需求。乡村传统文化绵延数千年,有其独特的价值体系,植根于人民的心中,潜移默化地影响着人民的行为方式,乡村振兴必须以乡村文化振兴为依托。

(一) 重塑发展传统优秀乡村文化

费孝通先生在《乡土中国》一书中曾指出,乡土社会是一种礼治的社会,与现代社会秩序维持的方法是不同的。所谓"礼",是社会公认合适的行为规范,维持乡土社会礼这种规范的是传统,而文化本来就是传统,所以乡村传统文化在乡村这个"熟人社会",扮演着极其重要的角色。② 但是,随着城镇化工业化进程的加快,城市新的思想理念逐渐渗透到乡村,乡村传统社会格局被打破,乡村思想理念似乎已演变成为城市思想理念的"副本"。乡村传统文化的价值日益被人们忽视,甚至抛弃。许多来自乡村的年轻人,从"土"里拔出来,抖抖身上的泥土,向城市进军,渐渐脱离了"土气",土地不再束缚着年轻人。③ 城市与乡村间人口的流动,使乡村传统文化淹没在城市的车水马龙中,乡村人的生活方式、价值观等也悄然间发生着变化。以前,乡村人的幸福感可以用"老婆孩子热炕头"来表达,现在乡村人的幸福感来源于城里是否有房,出行是否有车,乡村传统文化所带来的质朴幸福感已经被替代。

文化的魅力需要一代代人不断地传承出新,需要仪式来丰富和深化,乡村文化同样如此。乡村精英人才是乡村文化传承和乡村建设的核心力量。随着城市化进程的加快,大量农村的青壮年劳动力涌向城市,其本质就是乡村精英人才的流失。乡村精英人才的流失会导致乡

---

① 杨轶婕:《三农问题:从历史、现在到未来》,上海科学技术文献出版社2016年版,第301页。
② 参见费孝通:《乡土中国》,人民出版社2008年版,第51-56页。
③ 陈心想:《走出乡土——对话费孝通 乡土中国》,生活·读书·新知三联书店2017年版,第55-56页。

村文化的传承和弘扬大打折扣。① 从国家统计局统计的数据来看，乡村常住人口不断减少，进城务工的乡村劳动力人数逐年增加，2015年居住在乡村的人口为60599万人，与2010年相比减少了6816万人，外出务工劳动力人数为16884万人；2016年，全国乡村常住人口58973万人，比2015年减少了1373万人，外出务工劳动力人数达到了16934万人。② 大量的青壮年劳动力务工也带来了农村的"空心化""老龄化"，乡村文化氛围形成具有较大难度。乡村文化人才缺乏成为制约包括文化发展在内的乡村全方位发展的重要"瓶颈"。当前，我们的乡村文化功能在乡村社会发展中还未充分发挥，博大精深的乡村文化挖掘力度还远远不足。我们的乡村传统文化在过去很长一段时间里被看作是"土气""落后"等的代名词，城市的生活方式成为乡村人竞相模仿的对象，乡村传统文化明显失去了乡村社会这个"舞台"。我们沉迷于以城带乡使乡村经济得到快速发展却忽视了乡村文化价值的挖掘。乡村的物质、行为、制度和精神等文化形式蕴含着巨大的能量，对我们乡村社会政治、经济、文化、社会和生态的发展发挥着重要作用。虽然，当前有部分乡村文化旅游功能得到了挖掘，但乡村文化的社会治理功能、生态保护功能等还未得到充分重视。乡村传统文化的静置就是乡村文化的消失。法国著名社会学家孟德斯鸠在《农民的终结》一书中写到，在城市化进程中，农民作为一个传统的阶级将会终结，但农民的终结并不是农业的终结和乡村生活的终结。显然，农民的终结将是乡土文化的终结，乡土文化的挖掘是乡村社会发展的关键。

乡村文化是中华民族文化的重要组成部分，乡村文化的发展对增强乡村发展自信、弘扬中华民族文化和坚定民族文化自信等具有举足轻重的作用。乡村是中华传统文化的根，让乡村传统文化发扬光大是弘扬传统文化的基础。党的十九大报告指出："深入挖掘中华优秀传统文化蕴含的思想观念、人文精神、道德规范，结合时代要求继承创新，

---

① 刘颖、张英魁、梅少粉：《乡村精英人才外流的社会影响与对策》，载《学术交流》，2010年第11期。

② 参见国家统计局网站（2016年、2017年）。

让中华文化展现出永久的魅力和时代风采。"2017年在中央农村工作会议上习近平提出："必须传承发展提升农耕文明，走乡村文化兴盛之路。坚持物质文明和精神文明一起抓，弘扬和践行社会主义核心价值观，加强农村思想道德建设，传承发展提升农村优秀传统文化。"①

乡村文化在带动乡村经济发展，改变乡村社会格局，完善乡村治理体系等方面发挥着重要作用。为发挥好乡村文化的经济功能，不少村落开始探索乡村生态旅游的路径。乡村生态旅游就是让城市人去品味乡村的自然风光，体验乡村生活方式、饮食习惯和文化习俗等。中央一号文件连续三年强调乡村旅游在乡村发展中的重要地位。2015年中央一号文件首次提出乡村旅游的概念，指出："积极开发农业多种功能，挖掘乡村生态休闲、旅游观光、文化教育价值。扶持建设一批具有历史、地域、民族特点的特色景观旅游村镇，打造形式多样、特色鲜明的乡村旅游休闲产品。加大对农村旅游休闲基础设施建设的投入，增强线上线下营销能力，提高管理水平和服务质量。研究制定促进乡村旅游休闲发展的用地、财政、金融等扶持政策，落实税收优惠政策。激发农村要素资源，增强农民财产性收入。"

2016年中央一号文件《中共中央国务院关于落实发展新理念加快农业现代化实现全面小康目标的若干意见》再次对乡村旅游具体的依托条件和发展方向作出了规定，提出："依托农村绿水青山、田园风光、乡土文化等资源，大力发展休闲度假、旅游观光、养生养老、创意农业、农耕体验、乡村手工艺等，使之成为繁荣农村、富裕农民的新兴支柱产业。"2017年中央一号文件《关于深入推进农业供给侧结构性改革加快培育农业农村发展新动能的若干意见》又创新性地提出了乡村旅游的新发展模式，即"大力发展乡村休闲旅游产业。充分发挥乡村各类物质与非物质资源富集的独特优势，利用'旅游+'、'生态+'等模式，推进农业、林业与旅游、教育、文化、康养等产业深度融合"。当前，除挖掘乡村文化的经济功能外，还要挖掘乡村文化本身的教化

---

① 《中央农村工作会议在北京举行 习近平作重要讲话》，载新华网，2017年12月29日，http://www.xinhuanet.com/politics/leaders/2017-12/29/c_1122187923.htm。

功能。乡贤文化是扎根于中国传统乡村社会的一种文化现象，它以乡愁为基因、以乡情为纽带、以乡贤为楷模、以乡村为空间，以实现乡村经济发展、社会稳定、村民安居乐业为目标的一种文化形态。[①] 对乡贤文化的挖掘可以服务于乡村农业生产水平的提高、农民精神面貌的改善等。2015年和2016年中央一号文件连续两年写入乡贤文化。2015年中央一号文件《关于加大改革创新力度加快农业现代化建设的若干意见》提出，"创新乡贤文化，弘扬善行义举，以乡情乡愁为纽带吸引和凝聚各方人士支持家乡建设，传承乡村文明"。在2015年中央一号文件基础上，为进一步挖掘乡贤文化，2016年中央一号文件更为具体地提出"深入开展文明村镇、'星级文明户'、'五好文明家庭创建'，培育文明乡风、优良家风、新乡贤文化"。可见，乡村文化功能的挖掘将成为带动乡村全面发展的重要引擎。

乡村古村落是乡村文化的重要载体，改革开放以来，有着悠久历史的古村落不断从我们的视眼中消逝，传统的雕花门被玻璃窗取代，精致的窗花被千篇一律的印刷花取代，村落中祭祀的祠堂、庙宇被拆除。传统古村落在"换新衣"的同时伴随着的是几千年积累的文化精华和智慧的消失。中国文联主席、中国民协主席冯骥才曾在出席中国北方村落文化遗产保护工作论坛时指出："古村落消失的速度相当惊人，据国家统计数据显示，2000年时中国有360万个自然村，到2010年，自然村减少到270万个，十年里有90万个村子消失，一天之内就有将近300个自然村落消失，而自然村中包含众多古村落。"[②] 2018年1月16日召开的第三届中国古村镇大会向外界透露，近15年来，中国传统村落锐减92万个，并以每天1.6个的速度持续递减。乡村传统文化活动作为乡村文化的重要载体也随着社会传播媒介的多样化而被电视、电影等娱乐方式取代。传统的社戏、庙会和节日的民俗活动等也都"曲终人散"。低技术文化产品被高技术文化产品所取代，日益消失的古村落

---

① 《弘扬优秀传统文化 助力乡村振兴战略》，载《宁夏日报》，2018年3月9日。
② 冯骥才：《古村落消亡速度惊人 一代人当自责》，载搜狐网，2012年6月8日，http://blog.sohu.com/s/OTQwNDYyNzk/234743565.html。

和传统文化活动就是我们乡村文化发展的缩影。

乡村古村落承载着乡村的记忆,彰显着乡村文化。保护好作为乡村文化载体的古村落是记住乡愁的重要方式,但是,传统古村落正面临着危机,特别是随着近二三十年我们国家城镇化、工业化进程的加快,传统村落衰落、消失的现象日益加剧。全国经调查上报的12000多个传统村落,仅占我们国家行政村的1.9%,自然村落的0.5%,其中有较高保护价值的村落已经不到5000个,可谓少之又少。①2016年开展了中国历史上第一次全国传统村落摸底调查,调查上报了12000多个传统村落。这些村落形成年代久远,其中清代以前的占80%,元代以前的占25%,包含2000多处重点文物保护单位和3000多个省级非物质文化遗产代表项目,涵盖了我国少数民族典型村落,是一次传统文化的大盘点。在此基础上,成立了保护发展专家委员会,建立了传统村落名录,编辑了一本中国传统村落名录图册,一村一页,包括了每一个村的主要文化遗产照片和特征,还有村落的概况和文字记述。2017年习近平对保护传统古村落作了重要批示。同年,中国文物保护基金会开展了"拯救老屋"行动,已经多次对古村落保护和修缮,主要围绕着一些有历史文化特点的,或者有区域地方特色的,形成一定规模的重点村落,进行重点保护。同时,国家文物局和各省文物局每年对全国古村落的保护也有专门的资金和保护项目安排。各省市也开始探索保护古村落,如作为岭南文化发源地的广东省佛山市,古村落文化丰富,近年来,以30个古村落活化为切入点,有规范、有制度地将遗漏于传统村落中的佛山特色因子一颗颗拾起,不仅修复了自然生态,留住了古村美景、文化生态,也使民风变得淳朴,让人永远地留住了乡愁。② 又如有"中国古代文化博物馆"之称的山西,以定期开展古村发展保护大会的方式,探索古村落文化的活化之路与发展模式。③

---

① 《新闻办介绍加强传统村落保护发展等方面情况》,载中国政府网,2013年10月17日,http://www.gov.cn/wszb/zhibo580/。
② 《保护古村落寻回的不止是乡愁》,载铜陵文明网,2016年12月6日,http://www.wenming.cn/wmpl_pd/msss/201612/t20161206_3927342.shtml。
③ 王璐:《让古村落悠然"活"在当下》,载《山西日报》,2016年6月7日。

（二）支持倾斜农村公共文化建设

乡村形成良好的文化氛围是新农村建设的重要目标。乡村文化基础设施建设是乡村文化发展的重要保障。习近平曾强调："要加大公共财政向农村的倾斜力度，大力实施文化建设工程。新农村建设是一项全面的建设任务，不但要抓硬件，还要抓软件；不但要推进经济建设，还要推进政治、文化和社会建设。如果我们改变了农村的外在面貌，却没有改变农民的精神面貌，那么新农村建设还会在低层次上开展。"①

乡村文化发展与城市文化发展相比，表现出了严重的滞后性，这与乡村文化发展软硬件支撑落后密切相关。长期以来，乡村文化基础设施建设落后、乡村文化发展政策和法律保障欠缺、乡村文化发展权责体系不明等现实问题导致乡村文化发展能力不足。乡村文化基础设施是乡村文化的重要载体，第二次全国农业普查数据显示，我国乡村文化基础设施建设严重滞后。2006年，有乡村体育建设场所、图书馆和文化站、农民业余文化组织的村占全国行政村的比例分别为10.7%、13.4%和15.1%，其中贫困地区乡村文化基础设施建设更为落后，贫困村中分别有4.7%、8.0%和8.7%的村有乡村体育建设场所、图书馆和文化站、农民业余文化组织。2016年乡村文化基础设施建设情况有所好转，但仍不容乐观。第三次全国农业普查数据显示，有体育健身场所的村和有农民业余文化组织的村分别达到了59.2%和41.3%，有图书馆和文化站的村调查数据中未体现。我国乡村文化基础设施建设地区间差异也较大，西部地区明显落后于东部和中部地区。乡村发展不仅硬件基础设施建设落后，配套的政策和法律保障软件也不健全，促进乡村文化发展相关政策相对较少，系统且完整的乡村文化建设法律法规还未出台，导致乡村文化工作的政治隶属性强，阻碍了乡村文化的健康发展。②支撑乡村文化发展的软硬件急需加强。

十八大以来，乡村文化发展不断得到重视，2012年文化部印发了

---

① 习近平：《之江新语》，浙江人民出版社2007年版，第198页。
② 张波波：《当前我国乡村文化建设问题研究》，齐鲁工业大学2014年硕士学位论文。

关于《鼓励和引导民间资本进入文化领域的实施意见》，鼓励文化资本建设下乡村；而关于贯彻落实《国务院关于推进文化创意和设计服务于相关产业融合发展的若干意见》的实施意见指出："推进文化生态保护区建设，保持乡村原始风貌、文化特色和自然生态，保护有历史、艺术价值的传统村落和居民，建设各具特色的美丽乡村。"2013年文化部又印发了《文化部"十二五"时期公共文化服务体系建设实施纲要》，鼓励在乡村建设文化俱乐部。为进一步推动乡村基础设施建设，2016年文化部、国家新闻出版广电总局、国家体育总局、国家发改委及财政部联合印发《关于推进县级文化馆图书馆总分馆制建设的指导意见》，提出要发挥县级总馆在县域公共文化建设的中枢作用，通过分馆把优质公共文化服务延伸到基层农村，以增加公共文化产品和服务供给，为更好地满足广大群众基本文化需求创造良好条件，提供有力保障。由此乡村文化基础设施建设不断完善，乡村文化大舞台、乡村图书馆、乡村文化广场等文化基础设施遍布了较多的村落。乡村文化活动也不断丰富，各村文化能人大比拼，文艺节目会演在乡村都开展得红红火火。为进一步满足乡村人民的精神文化需求，"文艺下乡村""乡村法律宣传"等活动也都不断丰富。

思想道德建设对发挥重民本、守诚信、崇正义、尚和合、求大同的传统文化价值至关重要，习近平曾指出："摆脱贫困的首要任务是摆脱精神上的贫困"，"脱贫致富从直观上说，是贫困地区创造物质文明的实践活动。但是，真正的社会主义不能仅仅理解为生产力的高度发展，还必须有高度发展的精神文明。一方面要让人民过上比较富足的生活，另一方面要提高人民的思想道德水平和科学文化水平，这才是真正意义上的脱贫致富。"① 加强乡村思想道德建设就是引导乡村人民形成正确的思想观念，形成良好的家风、乡风和民风。党的十八大将乡风文明确定为乡村思想道德建设的重要目标，2017年中央农村工作会议上，习近平进一步指出："必须传承发展提升农耕文明，走乡村文化

---

① 习近平：《摆脱贫困》，福建人民出版社2014年版，第149页。

兴盛之路。坚持物质文明和精神文明一齐抓，弘扬和践行社会主义核心价值观，加强农村思想道德建设，传承发展提升农村优秀传统文化，加强农村公共文化建设，开展移风易俗行动，提升农民精神风貌，培育文明乡风、良好家风、淳朴民风，不断提高乡村社会文明程度。"①

中国乡村文化博大精深，所谓"五里不同风，十里不同俗"，乡村建设要展现各自特色，努力实现"一村一品"，发挥乡村传统文化特色，形成乡村文化氛围。《国家十三五规划纲要（草案）》首次提出了"新乡贤文化"概念，当前，我们要培育与社会主义核心价值观相契合，与美丽乡村建设相适应的新乡贤文化。2017年中央一号文件更是将农村家风、乡风建设提到了一个新高度，指出："要培育与社会主义核心价值观相契合，与社会主义新农村建设相适应的优良家风、文明乡风和新乡贤文化。"家庭是社会的基础单元，优良的家风是农村传统文化的彰显。中华民族历来注重家庭、注重家教和注重家风，孟母三迁、岳母刺字等典故流传至今。传统文化孕育的邻里相亲、家庭和睦的文明乡风也一直备受推崇，全国较多村开展了树乡风文明活动。如安徽省芜湖市繁昌县通过农村群众文体活动、好人评选活动和道德讲堂等形式，强化民间优秀传统文化的发掘，合理规划乡风文明建设，促进了乡村和谐、安定、团结氛围的形成。②

五、美丽乡村：走乡村生态宜居之路

美丽乡村是农民生活的环境好、居住的房子好、卫生条件好、公共服务好等的集合，这是一个涉及环境、文化、人和物的综合性理念。习近平总书记把美丽乡村建设与农村生态环境、人文环境、公共服务建设以及农民的幸福感、获得感紧密联系在一起，强调协调发展，尤其重视"以农民为本"的建设。美丽乡村建设是新农村建设的"升级

---

① 《中央农村工作会议在北京举行 习近平作重要讲话》，载新华网，2017年12月30日，http://www.xinhuanet.com/politics/leaders/2017-12/29/c_1122187923.htm。

② 《芜湖多举措推进文明乡风建设 扮靓美丽乡村》，载中国文明网，2016年10月27日，http://www.wenming.cn/syjj/dfcz/ah/201706/t20170602_4275972.shtml。

版",在农村建设中更加强调生态环境的重要地位,因此,乡村生态宜居是美丽乡村的核心要义。乡村生态宜居要求乡村人与自然和谐共生,使乡村实现生态环境的绿色与经济发展方式的绿色完美融合。十八大以来,一大批惠民举措落地实施,人民获得感显著增强。脱贫攻坚战取得决定性进展,6000多万贫困人口稳定脱贫,贫困发生率从10.2%降到4%以下。农村的发展已然进入一个新的发展期,我们有基础且有能力在农村发展中开始兼顾生态环境的健康发展。当前,生态文明建设在国家整体发展战略中居重要位置,2012年,十八大报告把生态文明纳入国家现代化建设"五位一体"的总布局,并把生态文明建设放在突出位置,努力建设美丽中国,实现中华民族永续发展。2013年中共中央一号文件提出:"加强农村生态建设、环境保护和综合整治,努力建设美丽乡村。"为推动美丽乡村建设,农业部于2013年5月发布了《"美丽乡村"创建目标体系(试行)》,提出要打造"生态宜居、生产高效、生活美好、人文和谐"的新农村。这是国家发展观念从单一重视经济增长到经济效益与环境效益兼顾的重要转变。未来的美丽乡村将是健康乡村、便捷乡村与智慧乡村并存的乡村。

(一)绿水青山就是金山银山

习近平在安吉县余村调研时指出:"绿水青山就是金山银山。我们过去讲既要绿水青山,也要金山银山,实际上绿水青山就是金山银山,本身,它有含金量。""如果能够把这些生态环境优势转化为生态农业、生态工业、生态旅游等生态经济的优势,那么绿水青山也就变成了金山银山。"[①]生态环境既是经济发展的基础也是经济发展的重要保障。生态环境和生产力的问题说到底就是在经济发展过程中是以经济效益为重还是以保护自然环境为重,实际上是一种经济发展方式的选择。

农村的环境问题是在城乡经济发展中形成的,乡村与城市的发展关系在不同时期有不同的特征。从城乡二元对立到城乡统筹发展、城

---

① 习近平:《之江新语》,浙江人民出版社2007年版,第17页。

乡发展一体再到城乡融合发展，既体现了城乡发展关系的一脉相承，又体现了城乡发展格局的时代特征。为缓解城乡差距，中央从2003年开始明确"三农"问题的重中之重地位，2005年开始加大对农村的财政支持力度。从2005年到2013年的八年间，国家前所未有地投入七万多亿元解决"三农"问题，使"三农"问题得到了有效缓解，农村也实现了"五通一平"，即通电、通路、通水、通电话、通宽带、大规模平整土地，搞水利建设。①国家对农村的大力扶持加快了农村发展速度，吸引了大量工商资本向农村流动。大量工商资本下乡为农村发展带来新机遇的同时，也导致生态环境问题。一些工商资本下乡以农业规模经营的名义流转农民的土地，转而从事非农生产，对耕地造成了破坏，被破坏的耕地又因修复难度大而无法继续从事农业生产。2010—2015年间乡村流转总耕地中有近50%的耕地不再用于粮食生产，而是用于非农生产。同一时期，我国乡村因建设占用、灾毁、生态退耕、农业结构调整等原因导致耕地每年平均减少约37.06万公顷。耕地的减少就是环境遭到破坏的一个重要表现。还有一些企业直接将污染行业转移到农村，特别是在一些"空心村"，一些以乡村自然资源为生产原料的企业，导致乡村生物多样性也遭到一定的破坏。

长期以来，我们的发展追求经济效益而忽视了人与自然的和谐共生。农村耕地沙化和退化、草原荒漠化、水土流失和水污染、大气污染等问题频发。如果我们继续走这样的老路，必然会导致经济发展能力的大幅度下降和环境的严重破坏。经济发展不应该也不能够以破坏环境为代价。习近平指出："正确处理好经济发展和生态环境保护的关系，坚决摒弃损害甚至破坏生态环境的发展模式，坚决摒弃以牺牲生态环境换取一时一地经济增长的做法，让良好的生态环境成为人们生活的增长点、成为经济社会持续健康发展的支撑点、成为展现我国良好形象的发力点，让中华大地天更蓝、山更绿、水更清、环境更优美。"②

---

① 温铁军：《告别百年激进》，东方出版社2016年版，第420页。
② 《习近平在主持中共十八届中共政治局第四十一次集体学习》，载人民网，2017年5月28日，http://cpc.people.com.cn/n1/2017/0528/c64094-29305569.html。

十八大以来，党和国家将生态文明建设作为国家发展的重要方向。历年中央一号文件都高度关注农村生态文明建设，2013年指出要加强农村生态文明建设，建设美丽乡村；2014年强调建立农业可持续发展长效机制；2015年将农村生态文明建设焦点转向农业生态治理；2016年再次讲到加强资源保护和生态修复，推动农业绿色发展，"推动农业可持续发展，必须确立发展绿色农业就是保护生态的观念，加快形成资源利用高效、生态系统稳定、产地环境良好、产品质量安全的农业发展新格局"。保护生态环境，走农业绿色发展道路已成为农村发展的必然选择。

2017年中央农村工作会议提到实施乡村振兴战略的"八个坚持"，其中强调"坚持绿色生态导向，推动农业农村可持续发展"，并首次系统提出了"坚持人与自然和谐共生，走乡村绿色发展之路，以绿色发展引领生态振兴"。改革开放以来，我们的农村发展没有处理好与生态环境的关系，生态环境在一些领域陆续亮起"红灯"。土壤重金属污染、耕地沙化和退化、地下水超采等问题成为制约农业可持续发展的重要障碍。贯彻农业绿色发展概念，兼顾农业生态环境效益，实现农业现代化和绿色化成为促进农业可持续发展，进而保障农村可持续发展的重要路径。实现农村的绿色发展，要转变农村的经济发展方式。农业生产中注重采用新技术、新方法，减少化肥、农药的过量使用，控制农业面源污染，保障农业生态高效发展。习近平总书记在浙江工作期间提出发展高效生态农业。高效生态农业以绿色消费需求为导向，以农业工业化和经济生态化理念为指导，以农业资源集约、精细、高效和可持续开发利用为前提，以科技创新农业增长的主动力，以贸促工农一体化的产业体系为支撑的农业发展形势。十八大以来，为控制农业面源污染，发展高效生态农业采取一系列行动。2015年，农业农村部提出了打响农业面源污染防治攻坚战，提出"一控二减三基本"的目标。所谓"一控二减三基本"就是控制农业用水总量，减少化肥和农药使用量，实现畜禽粪便、废旧农膜、秸秆等基本处理。① 经过一年的努力，2016年我国实现了农药使用量零增长。2017年农业部开始宣布启动实施"农业绿色发展五大行动"，包括启动畜禽粪污资源化利用行动、果菜茶有机肥替代化肥行动、东北地区秸秆处理行动、农膜回收行动和以长江为重点的水生生物保护行动，旨在推动农业走上可持续发展道路。为进一步促进农业的绿色发展，2017年中国中央办公厅、国务院办公厅印发了《关于创新体制机制推进农业绿色发展的意见》。意见从优化农业主体功能与空间布局、强化资源保护与节约利用、加强产地环境保护与治理、养护修复农业生态系统、健全创新驱动与约束激励机制、健全保障措施等六个方面提出实现农业绿色发展的具体举措。② 农业绿色发展是农村绿色发展中的一项大工程，农业的绿色发展是引领乡村生态振兴的核心内涵。

乡村生态文明建设涉及乡村人居环境改善、农民生活思维方式和价值观念转变、生态环境综合治理等方方面面，加强生态文明建设必须有严格的制度支撑。以前，农村发展对经营效益的盲目追求忽视了生态环境的保护，生态环境保护的制度更是十分不完善。十八届三中、四中全会先后提出了"建立健全系统完整的生态文明制度体系"，"用严格的法律制度保护生态环境"，将生态文明建设提升到制度层面。十八届五中全会又提出"创新、协调、绿色、开放、共享"的新发展理念，在制定"十三五"规划时，加强生态文明建设首度被写入五年规划。"党政同责"和"一岗双责"是在《环境保护督查方案（试行）》和《党政领导干部生态环境损害责任追究办法（试行）》首次提出的。除此之外被称为"史上最严"的新环保法也开始实施，最高人民检察院和最高人民法院司法解释也在降低环境入罪门槛，环保机构垂直管理制度改革等都为打赢生态文明战做好了准备。这对于广大农村进行

---

① 《农业部：2016年已在全国实现农药使用量零增长》，载中国新闻网，2017年3月7日，http://www.chinanews.com/gn/2017/03-07/8167461.shtml。

② 中共中央办公厅 国务院办公厅印发《关于创新体制机制推进农业绿色发展的意见》，载中国政府网，2017年10月1日，http://www.gov.cn/zhengce/2017-09/30/content_5228960.htm。

生态文明建设来说至关重要，因为农村往往是法律政策的灰色地带，许多基层的行政人员会因为"山高皇帝远"而有意规避执行较为困难的政策法规，一旦有追责就有了约束。

十八大以来，中央多次对严重损害生态环境的事件作出批示，要求严肃查处。自2015年底启动河北环境保护督察试点以来，中央环保督察组用两年时间分四批完成了对31个省（区、市）的督察全覆盖，共受理群众举报13.5万件，问责共计超过1.8万人，引起社会强烈关注。十九大报告不仅提出解决生态文明问题的总体思想，还提出了切实可行的具体措施。不仅提出"着力解决突出环境问题""改革生态环境监管体制"等方向性要求，也列出了清晰思路和举措，如加快建立绿色生产和消费的法律制度和政策导向，提高污染排放标准，强化排污者责任，健全环保信用评价、信息强制性披露、严惩重罚等。在生态文明的全面建设下，我们的美丽乡村将不再仅仅是面子上的"涂脂抹粉"，而是土地肥沃、山清水秀和人居环境优良的乡村。

（二）健康乡村、便捷乡村与智慧乡村共存

美丽乡村是健康乡村、便捷乡村和智慧乡村的合体。健康乡村要着力整治乡村人居环境。老百姓过去"盼温饱"，现在"盼环保"；过去"求生存"，现在"求生态"。健康乡村还要提高乡村医疗卫生水平，习近平在全国卫生与健康大会上指出："要坚持基本医疗卫生事业的公益性，不断完善制度、扩展服务、提高质量，让广大人民群众享有公平可及、系统连续的预防、治疗、康复、健康促进等健康服务。"[①] 便捷乡村要完善乡村基础设施，2018年中央一号文件提出农村基础设施建设要提档升级，国家基础设施建设重点仍在农村，加快基础设施建设进度，推动城乡基础设施互联互通；智慧乡村要提高乡村教育水平，增强乡村人才队伍。

随着乡村经济的不断发展，乡村农民生活条件得到了改善，但是，

---

① 中共中央宣传部：《习近平总书记系列重要讲话读本》，学习出版社、人民出版社2016年版，第370—371页。

传统的农业生产方式和人畜混居，使得卫生条件差，不良卫生习惯并没有完全改变。乡村环境的改善已经成为一个民生问题。我国农户环境保护意识还普遍较差，无论是农户生活垃圾的处理还是农业生产中化肥、农药等的施用都没有养成良好的环境保护习惯，没有树立环境保护的责任感。农业生产中为追求农业经济效益，农药、化肥、地膜、除草剂等污染物质的大量使用导致污染愈演愈烈，农业生态系统破坏严重。[1]如图4-1所示，1991—2015年农药和农用薄膜使用量不断增加。农用薄膜使用量由64.21万吨上升到了260.36万吨，平均增长率达到5.76%。农用薄膜作为一种固体污染物很难降解，会带来长期的深层次环境问题；1991—2015年间农药使用量也由76.53万吨上升到178.30万吨，增长了57.08%，农药对大气、水体、土壤污染严重，农作物大量使用农药也会给人类身体健康带来严重安全隐患。图4-2反映了改革开放以来我国农用化肥施用的折纯量。由图可知，农用化肥使用折纯量增速较快，2015年农用化肥使用折纯量达到了6022.6万吨，比1979年增加了4936.3万吨。化肥污染是农业污染的主要污染源，农地使用的各种化肥都不可能完全被植物吸收，未被吸收的化肥残留会给土壤、河流和大气带来严重污染。据中国环境部门统计，中国的农业污染排放量不断增加，甚至远超工业污染排放量。2011年中国农业排放的COD（化学需氧量，它表示用化学氧化剂氧化污水中的还原性物质所消耗氧气的量，用来间接衡量水中还原性污染物的含量）总量为1186.1万吨，占全国COD排放量的47.45%。[2]2014年农业排放的COD为1102.4万吨，占比增加到了48.04%；2011年和2014年农业排放的氨氮总量分别为82.7万吨和75.5万吨，占全国氨氮总排放量的比重保持在31.67%，农业COD和氨氮排放量均远超工业。[3]

---

[1] 刘奇：《大国三农 清华八讲》，中国发展出版社2016年版，第52页。
[2] 《中国环境年鉴》编辑委员会：《中国环境年鉴》，中国环境年鉴社2015版，第259页。
[3] 《中国环境年鉴》编辑委员会：《中国环境年鉴》，中国环境年鉴社2012版，第319页。

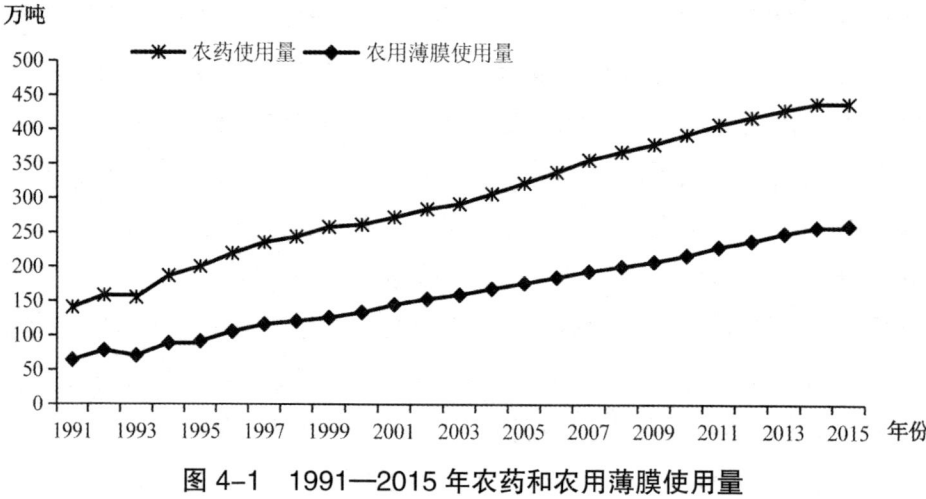

图 4-1　1991—2015 年农药和农用薄膜使用量

数据来源：根据历年出版的《中国统计年鉴》（1992—2016 年）整理所得。

垃圾随地扔、废水随便倒似乎已成为农村生活的基本特征。每天农村大约有 1.2 亿吨的生活垃圾露天堆放，2500 万吨的生活污水几乎全部直接排放。[①]农村的生活垃圾中有机垃圾含量占比高达 50% 以上，灰土建筑垃圾占 20%，塑料、玻璃、金属及其他垃圾约占 28%。农户生活污水的直接排放导致饮用水和灌溉水质量遭到破坏，也导致生活环境恶化。除此之外，农村人畜的粪便随意排放严重影响了农村整体生活环境的整洁程度。农民的环境保护意识与农民的文化教育和思想道德教育密切相关。目前我国农民的受教育程度依然偏低，由于教育水平的局限，农户对环境保护的知识接触较少，对环境破坏所带来的危害还没有清晰的认知。同时，大多数农村都未开展过关于环境保护的培训，也未有可以方便农民垃圾处理的基础设施。农民的生活垃圾处理方式已经内化为农民的行为习惯，没有人觉得彼此这样做会有什么问题。再比如农户对秸秆的处理，较多农户并未意识到就地焚烧秸秆会对农村环境带来多大危害，所以才会选择焚烧秸秆。农民的环境保护意识薄弱是农村环境破坏行为横行的一个主要因素。农村生态环境的改善必须要在完善农村垃圾处理基础设施的基础之上，不断提高农民的环境保

---

①　吴晓磊、余晓泓：《论新农村建设中环境污染的综合治理》，载《农业环境与发展》，2009 年第 4 期。

护意识。

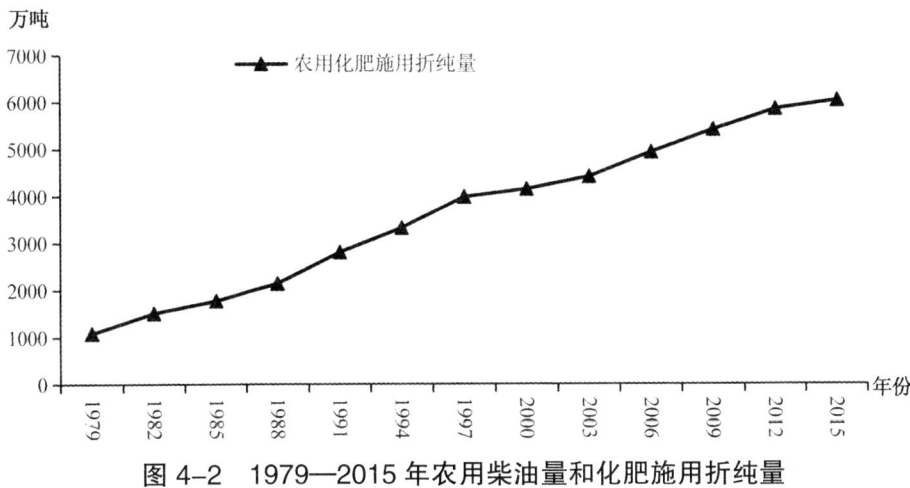

图4-2 1979—2015年农用柴油量和化肥施用折纯量

数据来源：根据历年出版的《中国统计年鉴》（1981—2016年）整理所得。

当前，我们农村基础公共服务建设中也还存在许多问题，我国乡村教育始终与城市教育有较大差距。中华人民共和国成立之初，全国教育百废待兴，当时全国大学、中学、小学学校总共只有35万余所，学生2577万余人，全国80%以上的人是文盲，乡村地区文盲的比重更大。[①] 在党的领导下，我国教育事业不断发展，义务教育普及率不断增高。2000年以前，城乡之间的教育投入存在明显差距，不论是生均预算内事业费还是人均教学仪器设备等都存在差距，差距大约在40%-160%之间，2000年以后虽然政府加大了对农村义务教育的投入，但差距依然存在。[②] 第六次全国人口普查数据显示，城市文盲人口占15岁及以上人口比重为1.90%，而乡村文盲人口占15岁及以上人口比重达到了7.26%，远高于城市。同时，城乡之间师资队伍学历差距较大，2009-2013年期间，我国城市小学师资队伍的学历主要是本科和专科，两者的比例接近90%，而且本科所占比重相对高于专科所占比重；乡村小学教师队伍的学历主要是本科、专科和高中，这三者中，专科学

---

① 李森、汪建华：《我国乡村教育发展的历史脉络与现代启示》，载《西南大学学报》（社会科学版），2007年第1期。

② 杨彬如：《中国教育的城乡不平衡发展探究》，载《中国农学通报》，2015年第19期。

历的教师占有较大比重。①城乡之间教育水平的差距需要不断缩小。习近平曾提出农村教育的目的就是要让每一个乡村的孩子能像城市孩子一样接受公平、有质量的教育，从而阻止贫困现象代际相传。②乡村的医疗卫生情况也相对较为落后，以前农村的"赤脚医生"从医技术水平低，医疗设备不完善，勉强可以治疗乡村农民生活中的"小痛小痒"，对从医经验之外的症状无从下手。村卫生室是在政府扶持下为乡村农民建立的固定的和完善的就医场所，我国设卫生室的村数占行政村数的比例由2003年的74.1%上升到了2015年的93.3%③，但是，村卫生室的实质性作用并未发挥，乡村医生仍保留着"上门服务"的习惯，这也使人们得病愿意选择乡镇医院治疗的相对较少。受医疗技术和卫生资源制约，农村居民患大病依然存在"看病难"问题。2016年全国每万人拥有的医疗卫生专业技术人员平均为61人，其中，城市每万人拥有医疗卫生技术人员108人，而农村每万人拥有农村卫生技术人员仅40人。2014年农村人均卫生费用1412.21元，远低于城市人均卫生费用3558.31元。④除此之外，部分偏远山区由于建设成本高、施工难度大，还未通公路，导致农村与城市之间差距越来越大，农村处于完全封闭状态，经济发展落后，生态环境脆弱和社会文明程度低等问题叠加，加深了交通建设落后地区的贫困度。"四好农村路"遂成为农村经济发展和贫困地区脱贫的重要抓手。党的十九大报告首次提出要按照"产业兴旺、生态宜居、乡风文明、治理有效、生活富裕"的总要求实施乡村振兴战略。乡村振兴是乡村发展的一次新的飞跃，是从量变到实现质变的关键一步。习近平把生态宜居作为实现乡村振兴战略总要求，可见生态宜居在乡村振兴战略中的重要地位。生态文明建设是造福子孙后代的事情，是需要一代代人锲而不舍去追求的"事业"，坚持

---

① 胡佳男:《城乡间义务教育教师资源均衡配置问题研究——基于我国2009—2013年的统计数据分析》，载《教育观察》（下半月），2016年第6期。
② 《习近平扶贫观：扶贫先要扶志 阻止贫困现象代际传递》，载人民网，2015年4月3日，http://cpc.people.com.cn/xuexi/n/2015/0402/c385475-26790586.html。
③ 参见《中国农业统计年鉴》（2004年、2016年）。
④ 参见国家统计局网站（2014年、2016年）。

生态文明建设的精神至关重要。广大农村坚持生态文明建设是实现全面小康的关键,生态环境对于建设小康社会具有重要意义。

美丽乡村要使老百姓的生活更加便捷,要推进农村社会事业建设。农村社会事业主要就是农村的基本公共服务建设,具体包括农村的教育、医疗卫生、社会保障和基础设施建设等。民生工程是教育、医疗、基础设施等一系列的总和。农村社会事业建设的情况直接关系到农民生活水平的高低。按照国家对农村改革的部署,农村公共服务和社会事业将达到新水平,农村教育、医疗、卫生等社会事业快速发展,农村水、电、路、气、房和信息化建设全面提速,农村人居环境整治全面展开。习近平曾强调要贯彻农业农村优先发展指导思想,要进一步调整理顺工农城乡关系,要素配置上优先满足,在资源条件上优先保障,在公共服务上优先安排,以加快农业农村经济发展,加快补齐农村公共服务、基础设施和信息流通等方面的短板,显著缩小城乡差距。要努力让农业成为有奔头的产业,让农民成为有吸引力的职业,让农村成为安居乐业的美丽家园。

治贫先治愚,扶贫先扶智,教育是经济和社会取得长足发展的重要保障,也是维护农村居民获得平等发展权利的重要基础,要保证农村和城市人口享有较为平等的受教育权。对于中国这样的人口大国,教育水平上去了,竞争力也就增强了。乡村教育水平的落后导致乡村管理水平的下降,农村干部受文化教育程度的约束使整体队伍素质普遍偏低,农村有知识、有文化的年轻人大多选择外出也导致"三农"工作队伍的后备力量严重不足。"三农"工作队伍的工作素质较低是制约农村发展的重要障碍,"三农"工作队伍中懂农业懂技术人才的缺乏导致很难从根本上解决"三农"发展中的各种问题,因为人才是最核心的竞争力。一些高校学习农业相关专业的大学生学农不爱农不务农的现象非常普遍,学农大学生就业率低与县以下基层单位找不到人的矛盾长期存在。① "三农"工作队伍是实现乡村振兴战略的重要力量,提高农村教育水平,留住农村高素质人才是实现农业现代化发展的重要保障。

---

① 《如何破解学农大学生不爱农不务农困局》,载光明网,2018年1月8日,http://news.gmw.cn/2018-01/08/content_27290359.htm。

第五章　实现农民现代化：让农民成为体面的职业

农民问题是中国长期以来的基本问题，是"三农"问题的本质，正如习近平强调的"农村经济社会发展，说到底，关键在人"①。由于城乡二元体制结构，国民身份被分成了两种：一是城市居民，一是农民。习近平指出："城乡的差异是客观存在的，然而一旦这种差异成为体制，就会人为造成农民与市民的差别。要解决这个问题，不可能把所有的农民搬到城里，让农民变成市民，而必须在加快工业化、城市化，减少农业人口的同时，统筹城乡发展，让农民共享发展成果，共享现代文明。应逐步消除农民与市民在实质上的差别和身份上的巨大落差，将其视为社会职业分工的不同。"②

一、农民成为一种职业：实现从身份象征向职业标识转化

（一）传统农民："面朝黄土、贫穷落后"的身份烙印

身份是社会个体在社会结构中所占据的位置，是建立在社会个体的出身、性别、教育、职业、生活方式、声望等基础上的制度化或

---

① 《习近平要求乡村实现"五个振兴"》，载人民网，2018年7月16日，http://politics.people.com.cn/n1/2018/0716/c/00/-30/49097.html。

② 习近平：《之江新语》，浙江人民出版社2007版，第167页。

社会化的社会地位认知，以及由此而产生的相应的具有支配性质的利益。对于传统农民来说，其身份化过程的非自愿性与无选择性特征明显。①"农民"这一称呼虽附带职业和生产方式的特征，但其首先指向的是特定的社会身份和权利义务关系。②

1. "以农养工"的战略倾斜

中华人民共和国成立初期，基于激烈的国际竞争和宏观政策环境，我国选择了实行重工业优先发展的"赶超战略"，即以大中型城市为基地，以重工业为核心集中优先投资建设的偏工业化战略。为促进资源配置向重工业倾斜，压低重工业发展成本，实现重工业优先增长目标，以工农业产品"剪刀差"、低投资等方式，将农业剩余价值（包括农业劳动力、农产品、农业资金等）强制转为大中城市的工业价值积累，最终形成了中央集权的计划经济体制。在计划经济体制指导下，农村独创性地实施人民公社制度和统购统销政策，以此保证农业剩余的强制性转移；同时，在城市实行低工资、低利率、低汇率、低价格和高福利制度，以维持高积累和城市居民的稳定。③

"一五"期间，重工业基建投资占工业基建投资的85%，占工农业基建投资的72.9%。④在这期间，第一产业所占比重急剧下降，第二产业所占比重迅速上升。崔晓黎通过国家统购统销而生的农产品（主要是粮食）牌市差价，估算出1953年至1984年农民的实际无偿贡献总额达4282.97亿元。⑤虽然在此期间，国家通过各种渠道向农业投入的资金总量基本与4282.97亿元持平，但这显然无法减轻全国几亿农民肩负的劳役、资金和农产品负担等重担，农民的生产经营性活动受到极大限制，最终导致城乡居民收入差距扩大，加剧了农民贫困问题。

---

① 陈晓棠：《从"身份化"到"职业化"：都市农民群体建构的实践逻辑》，载《学术交流》，2013年第5期。
② 赵树凯：《当代中国农民身份问题的思考》，载《华中师范大学学报》（人文社会科学版），2011年第50卷第6期。
③ 吴珊瑚：《贫困根源的一般性分析与传统体制下中国农民的贫困成因研究》，浙江大学2002年硕士学位论文。
④ 国家统计局：《中国统计年鉴》，中国统计出版社1992年版，第158页。
⑤ 崔晓黎：《统购统销与工业积累》，载《中国经济史研究》，1988年第4期。

2. 农村土地制度的权益约束

土地一直以来都被视为是最重要的生产资料和农民最基本的生活保障，农村土地制度则直接关乎农民权益、关系到农村社会政治稳定。十一届三中全会以来，以家庭联产承包责任制为开端的农村土地制度改革，标志着中国正式拉开了改革开放的新序幕。而在20世纪80年代初，为解决生计问题，农民率先发动包产到户改革，并获得农业的大幅度增产和农民收入的显著提高，最终促使包产到户在全国的普遍化。① 在这样的农村土地制度改革下，农民对土地的所有权结构发生了变化，尽管土地所有权仍归集体所有，但使用权、承包经营权归农民所有，从而极大地提高了农民的生产积极性。与此同时，政府加大了对农业发展的投入资金，农民的权益得到提升，由原来的极度贫困逐步向非贫困转变。按国家统计局贫困县计算，1978年至1985年农村贫困人口由2.5亿下降到1.25亿，平均每年减少1786万贫困人口，这与农村土地制度改革密不可分。

然而，随着中国经济环境的巨大变化，城乡差距不断扩大，土地对农民收入的影响开始在"保障"与"阻碍"两种角色之间转换，即土地是获取农业收入的重要条件，但也是农民获取工资性收入的阻碍。② 主要表现为三个方面：(1) 土地可以说是农民的命根子，是农民的退路和底线，是农民最终的归宿。在家务农，靠的是土地的利用效率、产出效益和增值效益；在外务工，土地是守护农民家庭、承载农民思乡的净土，是农民在受尽艰辛折磨、失业回乡的最后保障。(2) 现有农村土地制度对农村劳动力的转移产生负影响。农民虽然拥有土地使用权，但并没有土地的处置权，一旦脱离农村户口，宅基地和耕地等由集体回收。转业农民无法通过市场途径流转和重新配置闲置宅基地，宅基地财产权无法有效实现，外来非农人口同样无法通过市场购买获得宅基地，最终导致农村空心化、宅基地闲置浪费现象严重。与此同时，城市住房的财产价值飙升和农村住房的不可交易性形成巨

---

① 刘守英：《土地制度与农民权利》，载《中国土地科学》，2000年第3期。
② 骆永民、樊丽明：《土地：农民增收的保障还是阻碍？》，载《经济研究》，2015年第50卷第8期。

额反差，成为农民身份转换的沉重负担。（3）农村土地归农民集体所有，但集体所指的对象并不明确。《土地管理法》第十条规定农民集体所有的土地由乡镇、村集体或村民小组集体经济组织经营管理。但农民集体土地所有权主体的模糊让人们对土地所有权认识产生错觉，这也致使农民集体所有的建设用地转换的无序和不透明。地方政府通过高价转让农民集体所有建设用地、低价征收部分宅基地等方式谋取利益，并导致农村周边物价上涨、贫富差距进一步扩大，农民权益受到极大损害。

3. 农民传统"小农"意识局限

长期以来，农民为中国城市经济发展做出了重要贡献，但同时也做出极大牺牲，"农民"一词已成为面朝黄土、贫穷落后的身份烙印。虽然近年来农业不断发展、农民贫困情况逐渐缓解，但经过长期潜移默化而形成的社会意识形态很难变更，不仅是来自外界对农民的"看不上眼"，传统农民已将自身认定为"地位卑微、贫穷落后"的身份，并竭尽所能让其下一代离开农村、脱离贫困，也由此促使新生代农民与传统老农的分离。农村年轻的人才资源逐渐流向城市，开始脱离土地的束缚，面对城市的喧嚣繁华，新生代农民的故土情节逐渐消亡。农村建设的主力军向城市转移，加速了传统农村的衰败，"谁来种地"的问题日益凸显，留在农村的老弱妇幼人口难以承担起保障全国人民口粮的重任。因而，农民问题的解决需要从人们的意识传统开始，以制度形式改变农民贫穷卑微的身份烙印。

（二）务工农民："矮人一截、文化素质低"的身份象征

农民工的出现与农民转移就业是农民向城乡二元分割身份歧视发起的一次挑战。学界早在20世纪80年代初就已开始关注"农民工"问题，研究者们认为农民是迫于生存需要和生活压力而外出务工，因而认为，农民外出务工追求的生存渴望和经济目标是其行为的本质。国内著名学者黄平将关于农民工的著作直接命名为《寻求生存——当代农村外出人口的社会学研究》，周大鸣的著作则以《渴望生存——农民

工流动的人类学考察》命名,虽然两者的出版时间相隔近十年,却是不同学科背景下考察农民工的生存环境,围绕农民工生存需求和生活压力进行不同角度的分析和论述,即主要从农民工自身出发,考察农民工的务工收入平衡,而不是从农民工的身份资格出发,来讨论他们的基本尊严和权利资格。对于第一代农民工"生存——经济"是其追求的主要目标,不过随着社会经济环境的不断变化,新生代农民工的追求目标也在实践过程中不断调整和变化。与第一代农民工全然不同,许多新生代农民工有较高学历,在进城之前就有一定的经济积累,生活较为安逸和宽裕,却仍然选择进城打工,仅从生存和经济收入的角度已难以解释新生代农民工的行为逻辑。遗憾的是,农民工相关政策的制定者同样倾向于"生存问题"来认识、界定、处理"农民工问题",制定出相应的"农民工政策",而对于"农民工"之所以成为问题的根源性问题却有意悬搁或无意遮蔽了。[①] 也因此出现了城乡二元经济结构下农民工的"非农""非工"的双重尴尬身份,"农民工"并没有实现职业的转变,而是成为矮人一截、文化素质低的身份象征。

1. 二元户籍制度的限制

早期农村向城市流动的剩余劳动力被称为"盲流",即盲目流动的人口,实际上是对农民经济理性的一种轻视和否定。[②] 中华人民共和国成立初期,国民经济尚处于恢复阶段,大量农村劳动力开始涌入城市,城市流动人口的迅速增长严重影响了当时的计划经济制度和社会发展。1952年,中央劳动就业委员会提出"要克服农民盲目地流向城市",户籍制度便在推行重工业优先发展战略、控制农村劳动力流出并保障城市居民福利的前提下应运而生。1958年中央政府颁布的《中华人民共和国户口登记条例》,确立了较为完善的户口管理制度,以法律形式将农村和城市户口分开,明确规定"公民由农村迁往城市,必须持有城市劳动部门的录用证明,学校的录取证明,或者城市户口登记机关的

---

① 王小章:《从"生存"到"承认":公民权视野下的农民工问题》,载《社会学研究》,2009年第24卷第1期。

② 张智勇:《户籍制度:农民工就业歧视形成之根源》,载《农村经济》,2005年第4期。

准予迁入的证明",严格限制农民进入城市资格,稳定城市人口流动。这一规定也将"关于制止农村人口盲目流入城市"指示内容法律化,也是严格限制农村人口流动的开始,同时也标志着我国城乡分离"二元结构"体制的形成。然而,户籍制度并非仅仅是人口身份的区分,更是代表户籍制度之上的一系列权益分配。这一时期的户籍制度和权益分配限制,在束缚了农村剩余劳动力转移的同时,对后期务工农民进城出现的就业歧视留下了制度性烙印。

　　随着国民经济的不断恢复和改革开放的不断深入,户籍管理制度带来的问题逐渐暴露,但出于社会秩序稳定的需要,我国并没有对户籍制度进行彻底改革,而是采取渐进式改革,开始有条件地放宽"农转非"政策。首先就是对专业技术干部家属迁往城镇的政策倾斜,允许符合《关于解决部分专业技术干部的农村家属迁往城镇由国家供应粮食问题的规定》的人员迁往城镇落户,不占用公安部正常审批指标。其次是针对知识分子、退休干部、返乡知青等人员的政策调整。[①]同时对"农转非"的内部控制指标由本地城镇非农业人口的1.5‰调整为2‰,据公安部门的统计数据,从1979年至1990年,全国累计有5317万人得以"农转非"[②]。不过"农转非"政策似乎与纯农民身份的农村人无缘,该政策并没有放松对农村人口转为非农业人口的严格控制,而是在对特定人口放宽政策的同时,引导农村劳动力在乡村从事种植经营,以降低城市人口粮食供应和社会福利的压力。很显然,实行改革开放和户籍制度,让城市发展的吸引力和农村人口的生活压力逐渐显现,农村剩余劳动力转移就业的需求极其强烈。农民为了走出贫困、寻求发展,开始在农村兴办工业,并取得了迅速发展,越来越多的农民放弃耕种而向周边城镇转移从事务工、经商活动。1984年中央一号文件中强调,越来越多的人脱离耕地经营,转入小工业和小集镇服务业"是一个必然的历史性进步,可以为农业生产向深度广度进军,为改变人口和工业布局创造条件"。于是1984年到1988年之间,政府陆

[①] 马福云:《当代中国户籍制度变迁研究》,中国社会科学院研究生院2001年博士学位论文。
[②] 公安部三局:《户口管理资料汇编》第四册,群众出版社1993年版,第98页。

续推出了落户政策试点和城镇暂住人口管理暂行规定,允许农民自带口粮进入城镇,尽管没有城市户籍的权益,农村劳动力人口流动率依然迅速提升,说明了农民对发家致富、市民化和现代化的强烈渴望。在1989年到1992年,政府对劳动力流动政策进行调整,加强了对农村劳动力流动的管理,各行各业开始清退临时工与农民。① 也因此进一步强化了二元分割的户籍制度,让人们更深刻地意识到户籍的重要性。

进入21世纪以后,在城乡统筹发展战略下农村人口进城才真正实现了自由流动,中央政府的有关文件也明确提出改革城乡分割体制、取消对农民进城就业的不合理限制的指导思路,并将其明确写进《国民经济和社会发展第十个五年计划纲要》和《国民经济和社会发展第十一个五年规划纲要》中。不过有学者发现全国各省区并没有采取统一的改革力度,而是采取小城镇户籍制度改革力度最大、中小城市次之、省会等特大城市改革力度最小的方式。② 还有学者专门针对2003–2006年间发生的大中城市户籍制度改革效果进行定量研究、检验,指出户籍制度改革在引导农民工流动方面的作用有限,而社会网络和农民收入的增加则显著影响农民工外出务工行为。③ 现实情况也表明不同类型城市户籍改革力度与其对农村迁移人口的吸引力恰恰相反,特大型城市的户口含金量及其附属的权益要远远高于小城镇,户籍改革力度最小,却对农村人口转移的吸引力最大。务工农民在进入城市社会后,面对繁华大都市与贫穷小乡村的对立,心理上的刺激非常强烈,他们深刻意识到:即使在城市的最底层,做最累最脏的工作,依然比在乡村收入要高得多,甚至出现一人进城务工的收入远高于整个家庭的农业总收入的情况。对于刚进入城市的农民工来说这是他们摆脱贫困的唯一机会,他们宁愿在城镇"哭泣",也不愿再回到农村"微笑",他们设法融入城市生活,希望永远留在城市,却与城市居民群体的生

---

① 参见李晓西、曾学文、赵少钦:《中国经济改革30年:市场化进程卷》,重庆大学出版社2008年版,第178–181页。
② 王美艳、蔡昉:《户籍制度改革的历程与展望》,载《广东社会科学》,2008年第6期。
③ 孙文凯、白重恩、谢沛初:《户籍制度改革对中国农村劳动力流动的影响》,载《经济研究》,2011年第46卷第1期。

活习惯、价值观念等格格不入。农民工随之陷入融入城市与被城市排斥的两难困境中。①长期的户籍制度限制,导致农民工不得不像候鸟般穿梭在城市与农村之间。

在2014年6月中央全面深化改革领导小组第三次会议上,习近平强调,推进城镇化的重要环节在户籍制度,加快户籍制度改革,是涉及亿万农业转移人口的一项重大举措。总的政策要求是全面放开建制镇和小城市落户限制,有序放开中等城市落户限制,合理确定大城市落户条件,严格控制特大城市人口规模,促进有能力在城镇稳定就业和生活的常住人口有序实现市民化,稳步推进城镇基本公共服务常住人口全覆盖。②2017年1月1日起,全国公安开始实行户籍制度改革综合试点,试点省份全面取消农业户口和非农业户口性质区分,统一户籍登记制度,让全民在户籍改革中共享改革"红利",降低因户籍身份识别而获得的社会服务的差异。

2. 二元的就业市场限制

农村人口向城市转移面临的首要问题是就业问题,据农业部统计,2001年我国有7800万农村劳动力外出打工,在农民工外出打工所从事的职业中,80%的人选择从事工业、建筑业、餐饮业和服务业。③农民工自身受教育程度较低,虽然相较于从事农业的农民平均受教育程度要高,但还是低于城市居民教育程度和职业技术水平,这也是导致农民工遭受就业歧视的直接原因。据1997年中国总工会的抽样调查结果显示,农民工的主体大体由三部分组成:33%来源于农村毕业学生,37.3%是曾经务农的农民,另外近三分之一是有过城市务工经验或当过兵的农村人口。农民工中初中毕业的占三分之二,高中生占16.9%,农民工平均受教育程度是9.2年,高于全国人口平均受教育程度6.5年。这一数据既反映了流向城市的农民工主体为农村的年轻人才资源,又

---

① 张敦福:《城市农民工的边缘地位》,载《青年研究》,2000年第9期。
② 《习近平主持深改组会议——定户籍改革要求》,载新华网,2014年6月7日,http://politics.people.com.cn/n/2014/0607/c1001-25117310.html。
③ 郑功成:《农民工的权益与社会保障》,载《中国党政干部论坛》,2002年第8期。

说明了新生代农民将进城务工视为除高考之外跳出农门的最优选择。①然而，在二元结构的社会体制下，早期的农民工就业市场与城市劳动力市场相互分割、独立，农民工进城通常依靠家乡的社会资本网络介绍，从事临时性工作，与同一单位的城市市民实行两种完全不同的就业和工资体系，主要表现为农民工平均工资水平远低于城市市民，农民工不享受社会保障，农民工与雇主之间的劳动契约关系十分松散。据国家统计局2011年数据显示，外出务工农民与雇主或单位签订劳动合同的比例较低，仅为43.8%。其中从事建筑业的农民工没有签订劳动合同的比例最高，占73.6%，从事制造业的占49.6%，从事服务业的占61.4%，从事住宿餐饮业和批发零售业的分别占64.6%和60.9%。②这也导致城市雇主拖欠农民工工资事件频发、农民工的工作流动性极高。

表5-1 2008—2016年农民工从事的行业分布 单位（%）

年份	2008	2009	2010	2011	2012	2013	2014	2015	2016
制造业	37.2	36.1	36.7	36	35.7	31.4	31.3	31.1	30.5
建筑业	13.8	15.2	16.1	17.7	18.4	22.2	22.3	21.1	19.7
交通运输、仓储和邮政业	6.4	6.8	6.9	6.6	6.6	6.3	6.5	6.4	6.4
批发零售业	9	10	10	10.1	9.8	11.3	11.4	11.9	12.3
住宿餐饮业	5.5	6	6	5.3	5.2	5.9	6.0	5.8	5.9
居民服务和其他服务业	12.2	12.7	12.7	12.2	12.2	10.6	10.2	10.6	11.1
其他	15.9	13.2	11.6	12.1	12.1	12.3	24.8	19.5	14.1

数据来源：根据历年出版的《农民工监测调查报告》（2008—2016年）整理所得。

农民工在城市就业的机会由于受到自身素质和劳动力市场平台的限制，他们被限制在"脏、累、苦、险"的岗位上，大多从事劳动密集型行业的工作。如表5-1所示，2008—2016年间，制造业一直是农

---

① 张慧：《农民工就业歧视问题分析》，载《上海经济研究》，2005年第10期。
② 《2011年我国农民工调查监测报告》，载国家统计局网站，2012年4月27日，http://www.stats.gov.cn/ztjc/ztfx/fxbg/201204/t20120427-16154.html。

民工从业人数最多的行业，虽有逐年递减趋势，但依然远高于其他行业，其次是建筑业从业人员占比较高，而建筑业施工行业由于用工不规范、工资标准不明确、农民工维权意识薄弱等问题，成为拖欠农民工工资的"重灾区"。对于农民工的劳动工资来看，也远低于城镇单位就业人员工资，据国家统计局数据显示，2011年农民工月均收入2049元，而同期城镇单位就业人员月均收入为3483元，在农民工从事最多的建筑行业，农民工月均收入仅为1920元，比城镇单位就业人员低1135元。各行业内部存在明显的就业待遇歧视。由于农民工进城就业对于城市具有一定的挤出效应[①]，导致部分地方政府对农民工流入城市现象产生认识误区，于是地方政府通过办理务工证件、缴纳各种管理费用等直接或间接性行政干预手段，加重了农民工进城的经济负担和机会成本，变相限制了农民工进城的正规就业渠道，虽然当前国家已取消了对农民工的就业限制和歧视性收费，但要真正消除对农民工就业的歧视还需要长期的系统性的制度保障。

3. 二元的社会保障制度限制

中华人民共和国成立初期，我国建立了面向城市企业劳动者和机关事业单位工作人员的社会保障制度，在农村则实行家庭与集体相结合以家庭保障为主的保障制度[②]，由此城乡社会保障出现了明显的分化，形成了具有中国特色的"二元社会保障制度"。二元社会保障制度的出现蕴含深刻的经济发展背景、历史和社会原因，但长期的二元分化保障格局，已经让社会保障原本减缓经济社会动荡的功能被扭曲，甚至激化了城乡居民之间的利益冲突。对于农村人口社会保障的缺失，导致了务工农民饱受社会歧视和融入城市的窘迫。

老一代农民工进入城市务工更关注城市所能带来的物质利益，只要能挣到钱什么脏活累活都能干，挣到钱就想着让全家过好日子，对

---

① 刘唐宇、罗丹:《我国农民工就业歧视:现状、原因及政策建议》，载《四川理工学院学报》(社会科学版)，2014年第29卷第3期。
② 杨宜勇、刘婉:《我国城乡二元社会保障体系面临的主要问题及原因》，载《经济纵横》，2007年第5期。

城市宽裕的生活虽然羡慕却几乎没有彻底脱离农村和土地的想法。他们对乡村有着天然的依赖，乡村不仅仅代表着生活的归宿，更像是一种精神寄托的家园。新生代农民工与老一代农民工不同，他们在城市优越的工作环境和生活条件吸引下，追求的目标已远不止物质利益，而是上升到物质追求和精神追求并重，甚至上升到理想层面的追求，希望真正甩掉农民的帽子，做一个真正的城市人。①据国务院发展研究中心2011年《农民工市民化》课题组调查，数量过亿的新生代农民工只有7%的人愿意以后回乡。新生代农民工开始追求归属感、尊严感和幸福感，他们的穿着、思维方式、行为方式逐渐和城市市民没有任何区别，然而，挡在农民工面前的户籍、社会保障、土地产权等一系列的制度壁垒，让他们难以挣脱"农民帽"。

习近平在十八届三中全会上指出："城乡发展不平衡不协调，是我国经济社会发展存在的突出矛盾，是全面建成小康社会、加快推进社会主义现代化必须解决的重大问题。改革开放以来，我国农村面貌发生了翻天覆地的变化。但是，城乡二元结构没有根本改变，城乡发展差距不断拉大趋势没有根本扭转。根本解决这些问题，必须推进城乡发展一体化。"而随着我国农民工总量的不断增加，农民工已成为推动城乡发展一体化的重要力量，社会保障制度则是支撑和促进城乡劳动力市场一体化的重要制度基础。②对于传统农民来说，土地是他们生活最基本的保障，一旦农民工离开土地则意味着放弃了土地带来的收益和保障功能，农村保障中的合作医疗、救济制度、养老保障等保障功能也因为离开农村而减弱甚至失去。城市社会保障体系又将农民工排除在外，这也意味着农民工要在城市生活，患病、失业、养老、住房等都只能依靠自己微薄的打工收入。从2008年、2011年和2014年的数据来看，农民工参加社会保障的比例逐年上升，但总体比例依然较低，其中工伤保险的参保比例最高，失业保险和生育保险的参保比例始终

---

① 刘奇：《中国三农的"危"与"机"》，中国发展出版社2014年版，第172页。
② 徐杰、高君、夏丽霞：《城乡统筹背景下进城农民工的社会保障问题探讨》，载《农业现代化研究》，2012年第33卷第1期。

较低（图5-1）。进入21世纪以来，对农民工的社会保障政策逐渐增多，但主要依靠地方政府的规章和规范性文件，目前还没有专门针对农民工的社会保障制度和法律体系。

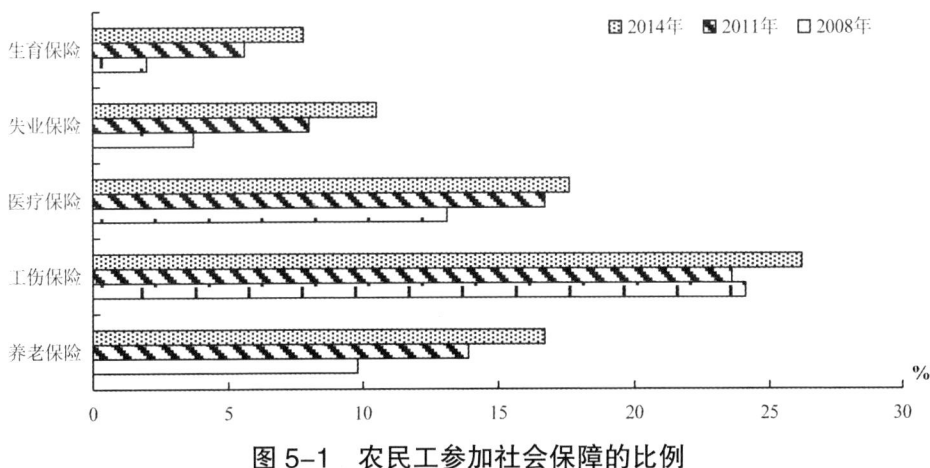

图5-1　农民工参加社会保障的比例

数据来源：根据历年出版的《农民工监测调查报告》（2008—2014年）整理所得。

（三）新型农民：爱农业、懂技术、善经营的职业

2012年中央一号文件首次提出要大力培育新型职业农民。在2013年中央农村工作会议上，习近平深刻阐述了"谁来种地"的问题，提出："要提高农民素质，培养造就新型农民队伍，把培养青年农民纳入国家实用人才培养计划，确保农业后继有人。要把加快培育新型农业经营主体作为一项重大战略，以吸引年轻人务农、培育职业农民为重点，建立专门政策机制，构建职业农民队伍，为农业现代化建设和农业持续健康发展提供坚实人力基础和保障。"2012年到2017年，连续六个中央一号文件都对培育新型职业农民作出了重大部署，特别是2016年中央一号文件明确提出要把职业农民培养成为建设现代农业的主导力量。新型职业农民首先是农民，不过随着市场经济的发展，农村改革的深化，原先作为一个整体的农民阶层内部正在发生分化。从职业上看，传统意义上的农民已经分化为农业劳动者、农民工、个体工商户、乡村企业管理者、农村管理者等等；从收入水平看，农村已经出

现了较为明显的收入分配差距,农户出现了富豪型、富裕型、小康型、温饱型、贫困型等不同层次。① 与此同时,大量的农村青年劳动力流向城市,致使农村空心化、老龄化问题严峻,农村土地出现抛荒撂荒现象。仅依靠当前的农村留守劳动力,已无法解决"谁来种地,如何种地"的紧迫问题。

表 5-2 农村劳动力分布状态

农村劳动力年龄分布(岁)	男性农业劳动力数	农业劳动力数	非农劳动力数	劳动力合计	农业劳动力占劳动力总数的比重
30	10	27	357	384	3.0%
31~40	24	64	323	387	7.0%
41~50	91	226	187	413	24.8%
50~60	148	313	97	410	34.3%
>60	170	282	32	314	30.9%
合计	443	912	996	1908	100%

数据来源:根据"国家社会科学基金项目(16CJY044)课题组调研数据"整理所得。

1. 以家庭为单位的散户经营逐渐解体

有研究指出,近年随着农村劳动力不断向非农产业转移,我国农村青壮年劳动力供求矛盾突出,四分之三的村已无青壮年劳动力可转移。② 截至2016年,全国农民工总量达到28171万人,其中本地农民工11237万人,外出农民工16934万人,在外出农民工中,进城农民工13585万人。农民工外出务工的主要特点为:个体流动、举家迁徙很少,务工流动时间长、回乡时间短,流动空间广、向东部发达城市集聚,价值追求升级。由此,以农民工为核心衍生出的农村留守妇女、留守儿童和留守老人现象频发,使得农村家庭这一基本社会单元处于半解体状态。《中国流动人口发展报告2012》数据显示,2011年,我国流动人口总量已接近2.3亿,占全国总人口的17%。流动人口的平均年

---

① 刘奇:《中国三农"危"与"机"》,中国发展出版社2014年版,第266页。
② 蔡昉:《2007年人口与劳动绿皮书》,社会科学文献出版社2007年版,第2页。

龄约为28岁，农村户籍流动人口约占流动人口总量的80%，"80后"新生代农民工已占劳动年龄流动人口的近一半。与他们的父辈相比，新生代流动人口比较看重自己未来的发展，注重体面就业发展机会。其中占据主体的新生代农村户籍流动人口，大多数在城市成长，基本不懂农业生产，即使经济形势波动，城市就业形势不好，他们也不大可能返乡务农。2017年，在对甘肃省会宁县中川镇大墩村、丁沟镇线川村、汉岔镇赵岔村，湖南省长沙市望城区乔口镇盘龙岭村、乔口镇蓝塘寺村、乔口镇湛水村、茶陵县腰潞镇东山村，河北省衡水市邓庄镇留仲村、榆科镇下博村、护驾迟镇董家庄村、护驾迟镇南张村等11个村683个农户的调查中发现（表5-2），农村农业劳动力老龄化问题突出，调查人口总数为3055人，其中劳动力为1908人，50岁以上的农业劳动力占到65.2%，男性农业劳动力数不到农业劳动力总数的一半，农村转移就业人数占总劳动力数的52.2%。这说明当前调研区域一半以上的年轻劳动力人口已向城市转移，老龄人口、妇女逐渐成为农村劳动力的支撑力量。

2. 新型农民的职业转化

事实上，"谁来种地"并不仅仅是指农业劳动力数量的保障问题，更重要的是"谁能经营好地"的问题。现代化农业的发展不只是农产品的数量供给，更强调质量供给，在实现"把中国人的饭碗牢牢端在自己手里"的同时，更需要培养一批"爱农业、懂技术、善经营"的职业农民。对于新型职业农民，中国农业大学朱启臻教授认为，首先是农民，作为农民是指长期居住在农村社区，并以土地等为生产资料长期从事农业生产的劳动者，与传统农民相比，新型职业农民还须是市场主体，具有高度的稳定性和高度的社会责任感及现代观念。中国人民大学国家发展与战略研究院研究员冯仕政认为，"职业农民"的概念，意味着"农民"是一种自由选择的职业，而不再是被赋予的身份，它既有利于农业、农村的可持续发展和城乡融合发展，尊重人的个性和选择，又能激发群众的积极性和创造性。

二、物质财富不断提高:实现从单一贡献向藏富于民转化

中华人民共和国成立以来,农民对于推动中国工业化、城镇化发展做出了巨大贡献,在"以农养工"战略倾斜政策下,农民以工农产品价格"剪刀差"的方式,为工业的资本积累做出了巨大牺牲。改革开放以后,农村大量劳动力迅速向城市转移,为满足城市的建设和经济发展,中央逐步放宽农民进城就业政策,处于就业末端的农民工,为城市化建设提供了大量廉价劳动力,以工资差额等形式为城市建设节约了大量资本。步入21世纪以后,农产品价格逐渐实现市场化,工农业产品价格"剪刀差"逐渐缩小,但农民却以农村土地资源和廉价劳动力为国家经济的快速发展做出了牺牲,农村资本、劳动力和土地等要素向城市的单向流动趋势逐渐成为惯性[1],扭转难度较大。虽然21世纪农民收入不断提升,农民生活水平不断提高,但城乡收入水平依然存在较大差距。在2021年全面建成小康社会的奋斗目标即将实现的关键节点,十九大报告提出"农民富则中国富",进一步强调了农民的富裕是我国实现全面建成小康社会的基本要求。

(一)扭转城乡单向流动,培育发展新动能

1. 扭转农村资金向城市的单向流动

为快速实现工业化、城镇化的资金积累,农村创造的剩余价值大量流入城市,1952—1997年农民以工农产品"剪刀差"形式为国家工业化提供了高达12641亿元的资金积累,平均每年274.8亿元。"剪刀差"概念由苏联经济学家普列奥布拉任斯基(Preobrazhensky)于1926年提出,其最初主要指社会主义发展中国家的政府如何从农民手中赚取利润来补贴城市工人,通过实施价格剪刀差,使政府快速完成资本的原始积累。20世纪30年代后"剪刀差"的概念被引入中国,并针对中国国情被广义化发展。国内学者普遍认为,"剪刀差"就是指在工农业产品交换过程中,工业产品的价格高于其价值,而农产品价格则低

---

[1] 任鑫、薛宝贵:《生产要素单向流动对城乡收入差距的效应研究》,载《人文杂志》,2016年第7期。

于其价值，由此形成了不等价交换的剪刀状差距。从理论上来说，随着农产品价格市场化改革的不断深化，供求规律会充分发挥作用，农产品价格与其价值会趋于基本相符，工农业产品价格"剪刀差"也会逐步消失。但显然现实与理论完全相反，"剪刀差"不仅依旧存在而且有不断扩大的趋势[①]，甚至已经由单一的农产品价格差异向工农工资、城乡土地价格分化蔓延。

对于工农业产品"剪刀差"的形成原因，学术界的观点并不一致，其中一种具有代表性的观点从人类社会发展的历史过程来探讨"剪刀差"形成的原因，认为农产品生产方式相对落后、超经济强制是造成工农产品"剪刀差"的主因；另外一种观点分析了市场经济条件下剪刀差仍然存在的原因，认为存在这种现象的历史根源为城乡分离、工农分离的二元化社会经济结构，工农业劳动生产力的高低不同则是客观原因，在市场机制还不完善的情况下，工农业产品的价格差异调整将是一个长期的过程；[②] 还有一种观点认为工农业产品的供需结构、工农业劳动生产率变化差异[③] 及工农业产品的经济作用差异是造成工农"剪刀差"的主要原因。

对于工农业产品"剪刀差"到底存在多大差距，工业化到底从农民身上汲取了多少农业剩余的问题，引起了"剪刀差"研究的热潮。由于采用的理论依据和测算方法等不同，测算结果存在较大差异，不过得出的结论却较为一致：农民通过工农业产品价格剪刀差为工业化资金积累做出了巨大贡献。严瑞珍等运用比值"剪刀差"动态变化相对基期求值法，以1982年的剪刀差值为基期数据，计算了我国1952—1987年几个主要年份工农业产品剪刀差值，结果表明，1978年工农业产品价格与价值的背离最严重，"剪刀差"比1955年扩大44.64%，达364亿元，相对量上升到25.5%，这说明农民每创造100元产值，通过"剪刀差"无偿流失25.5元。1978年之后，"剪刀差"大幅度缩小，但

---

① 张乃侠：《当前三种"剪刀差"制约了农民收入的增长》，载《价格理论与实践》，2008年第11期。
② 刘助仁：《工农产品价格剪刀差问题研究综述》，载《价格理论与实践》，1997年第4期。
③ 崔晓黎：《统购统销与工业积累》，载《中国经济史研究》，1988年第4期。

依然存在"剪刀差"。与此同时，1953年到1985年全国预算内的固定资产投资共7678亿元，平均每年约240亿元，这个值大体相当于每年的"剪刀差"绝对额。过量的"剪刀差"负担严重削弱了农业扩大再生产的能力，限制了农民生活水平的提高。1952—1977年间中国重工业产值增长了23倍，轻工业产值增长7.7倍，而农业产值仅增长1.1倍，这是造成先进城市、落后农村，先进的工业、落后的农业这种二元经济结构的经济根源。[①]温铁军曾根据国务院农村发展研究中心1986年的推算结果，认为1953—1978年工农业产品价格"剪刀差"总额估计在6000亿至8000亿元，而到改革开放前的1978年，国家工业固定资产总计不过9000多亿元，据此得出中国的国家工业化的资本原始积累主要来源于农业。[②]林毅夫从政治经济学角度估算了1949—1992年我国政府目标函数中的结构参数，研究结果发现，城市公认的福利所占权重远高于农民的福利。[③]孔祥智对1952—1997年46年间工农业产品"剪刀差"的绝对额和相对量计算结果表明，农民在此期间以工农业产品价格剪刀差方式为国家工业化提供资金积累12641亿元，平均每年274.8亿元，自1993年期"剪刀差"的相对量在逐渐下降，但绝对额仍高达331亿元。[④]21世纪以来，中共中央连年出台一号文件聚焦"三农"问题，并多次强调了"三农"问题在中国社会主义现代化时期"重中之重"的地位，出台了一系列惠农政策。有学者认为中国自此不再有工农"剪刀差"，然而国家对工业与农业投入的差异已引起农民收入、消费水平和社会保障等社会生活方面的失衡。事实上，祝树金、钟腾龙的研究发现工农业产品价格"剪刀差"对于工农"剪刀差"的贡献作用在逐步降低的同时，工农业发展"剪刀差"却在不断上升，

[①] 严瑞珍、龚道广、周志祥、毕宝德：《中国工农业产品价格剪刀差的现状、发展趋势及对策》，载《经济研究》，1990年第2期。

[②] 温铁军：《中国农村基本经济制度研究》，中国经济出版社2000年版，第177页。

[③] 林毅夫、余淼杰：《我国价格剪刀差的政治经济学分析：理论模型与计量实证》，载《经济研究》，2009年第44卷第1期。

[④] 孔祥智、何安华：《中华人民共和国成立60年来农民对国家建设的贡献分析》，载《教学与研究》，2009年第9期。

且各省域工农"剪刀差"整体上自西向东逐步缩小。①不同经济发展水平的省份对农业的差异性投入，使得农民对工农"剪刀差"带来的负担承担承受能力表现出差异性，农民贫困问题已逐渐表现出区域差异。

农村资本的外流还表现在农村金融体系萎缩和农村储蓄向大中城市的单向流动。1978—2014年，农民人均纯收入由133.6元提升至10489元，增长了77.5倍，年均增长27.69%，同期农民人均储蓄存款由7.05元增长至18767.04元，农民储蓄存款的增长速度已远远超过了自身纯收入的增长速度。而自1990年10月开征利息税后，农民总储蓄仍不断攀升，到2014年底已达到11.61万亿元，是1978年总储蓄55.7亿元的2084倍。②与此同时，为防范金融风险，1997年起各大银行对小城镇的银行网点进行了大规模撤销，仅存的政策性金融网点农村信用社经过市场化改革后，已转变为吸纳农村村镇储蓄并向城市项目流动的营利机构③，这种商业职能使得农村信用社不再将资金投入农业领域，资金非农化倾向相当严重，农村金融体系的严重萎缩加剧了农村金融服务供给不足的问题。金融市场化改革对农户的正规信贷获得产生了负向影响④，农民的生产、生活信贷很大程度上依靠民间信贷。根据金融市场悖论，资产多的经济主体，信用较高，融资能力强，而资产少的经济主体，信用比较低，融资能力弱。⑤农村资本长期大量流向城市并逐渐形成集聚效应，这也将造成农村地区融资能力不断减弱，融资成本较高的局面，农民拥有的不完整产权的土地使其受到抵押贷款的限制，如土地承包经营权的抵押难以完成，而农户宅基地用于物权同样不可抵押，与此形成鲜明对比的是，城市居民的房屋资产可以抵押，融资能力较强。农民收入虽不断提升，但与城市居民收入相比，

---

① 祝树金、钟腾龙：《中国工农剪刀差系统模型构建及实证研究》，载《经济问题探索》，2014年第2期。
② 参见《中国金融年鉴》(2015年)。
③ 徐志文、王礼力、谢方：《城镇化进程中"中心镇镶嵌"缩小城乡收入差距研究》，载《经济体制改革》，2013年第3期。
④ 汪昌云、钟腾、郑华懋：《金融市场化提高了农户信贷获得吗？——基于农户调查的实证研究》，载《经济研究》，2014年第49卷第10期。
⑤ 任鑫、薛宝贵：《生产要素单向流动对城乡收入差距的效应研究》，载《人文杂志》，2016年第7期。

还存在较大差距。

农村资金单向外流既是市场经济规律运行的结果，又受到政府政策体制的影响，同时还受到农民自身因素的限制，因此需综合财政、税收、补贴等经济手段，引导并促进商业金融、合作金融和其他社会资金流向农业和农村，同时积极培育农村金融本土力量。目前农村金融体系的不完善和农村金融组织功能的不健全等逐渐成为农村经济发展的瓶颈，农村发展资金供给不足，影响农业产业化、市场化发展的同时，也打击了新型农业经营主体和职业农民创业的积极性。金融体制改革后的国有银行、政策性银行对农村发展的支持力度不断减弱，主动为农村经济主体提供贷款的积极性较低，农村大量闲散资金反而被金融机构抽走流向城市。党的十七届三中全会通过的《中共中央关于推进农村发展若干重大问题的决定》和2009年一号文件指出"创新农村金融体制，放宽农村金融准入政策，加快建立商业性金融、合作性金融和政策性金融相结合，资本充足、功能、服务完善、运行安全的农村金融体系"，"鼓励发展适合农村特点和需求的各种微型金融服务"，2010年中央一号文件进一步指出"加快培育村镇银行、贷款公司、农村资金互助社，有序发展小额贷款组织，引导社会资金投资设立适应'三农'需要的各类新型金融组织"，2018年中央一号文件再次强调"健全适合农业农村特点的农村金融体系，推动农村金融机构回归本源"。已有政策文件为农村发展本土金融力量提供了有力支撑，为满足农民资金需求、再次激发民间创业潜能营造了良好的制度空间。建立农村金融体系要求既要充分发挥农业发展银行、农业银行和农村信用社以及商业银行的作用，又要联合农村本土的小金融组织，既要吸纳大量外资的注入，又要盘活农村内部资金，逐渐摸索组建符合本土特色的资金互助合作组织，为新农村发展和农民实现富裕化提供良好的金融服务平台，扭转农村资金长期向城市单向流动的局面。同时应提高政策性资金的支农力度，增加财政支农资金在总支出的比重，用好管好支农资金，让农民真正享受到财政支农的益处。

2. 扭转城乡劳动力的单向流动

自改革开放以后，为满足城市建设和经济发展的需要，中央逐步放宽了针对农民进城务工的限制，由此打开了农村大量廉价劳动力向城市流动的局面。1993年全国跨省流动的农民工约为2200万人，比1989年增长了2.14倍。自2004年以来，农民就业政策环境得到了极大改善，外出就业农民数量从1983年的近200万人增加到2015年的1.5亿人，占农村就业人口总数的41%（图5-2），32年增长了近75倍，年均增长1.28倍。党的十八大以来，由于国家对农民转移就业、脱贫致富采取了鼓励措施，全国农村人口的非农就业比例不断上升。

农村向城市流动的劳动力人口对国家建设做出了巨大贡献，这是比较一致的看法。据世界银行估计，在1978—1995年中国国内生产总值平均年增长9.4个百分点中，其中就业不足的农村劳动力向生产率较高的工业、服务业转移，贡献了1个百分点，就业转向生产率较高的非国有部门，贡献了0.5个百分点。有学者推算了1985—1992年间农村劳动力的配置对于经济增长的贡献最显著，达到1.38—2.06个百分点。[1] 在学者将GDP分解为农业GDP和非农业GDP两个部分，结果表明农村劳动力从农业转移至非农业部门对非农业GDP有正向影响，但对农业GDP具有负影响，农村劳动力转移的净效应为正。[2] 另有学者估计，如果制约农民工向二、三产业和城镇转移的障碍被逐渐清除，同时城乡收入水平在人力资本可比的条件下达到几乎相等的话，可为年经济增长率贡献2-3个百分点[3]。已有研究都表明大量农村劳动力的转移对我国经济增长带来了重大贡献。

---

[1] 丁霄泉：《农村剩余劳动力转移对我国经济增长的贡献》，载《中国农村观察》，2001年第2期。
[2] 刘秀梅、田维明：《我国农村劳动力转移对经济增长的贡献分析》，载《管理世界》，2005年第1期。
[3] 李斌、臧胜业：《当代中国农民工问题研究》，载《劳动保障世界》，2007年第2期。

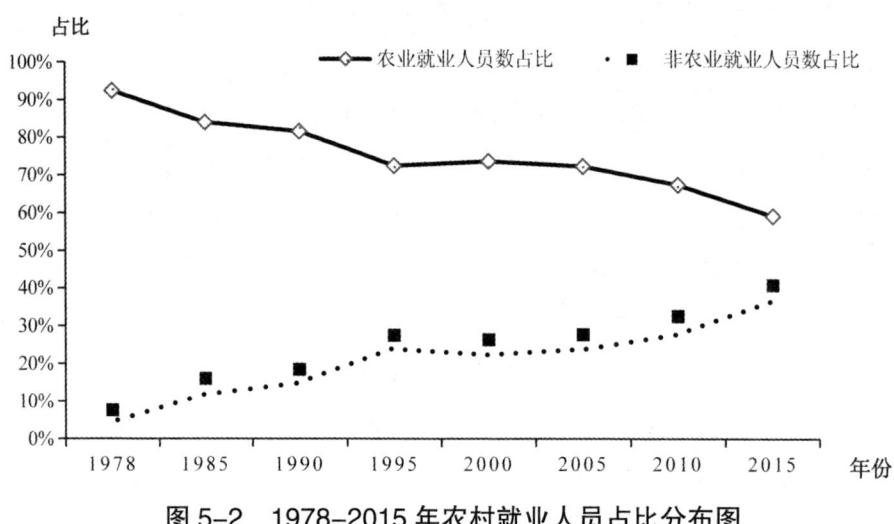

图 5-2　1978—2015 年农村就业人员占比分布图

数据来源：根据历年的"国家统计局数据库年度数据就业人员和工资指标"（1978—2015 年）整理所得。

农村务工劳动力对中国经济增长带来的人口红利以及为工业化、城镇化建设带来的资本节约是研究的重要关注点。有关人口红利与经济增长的关系研究较多，但为何劳动年龄人口占比会成为影响经济增长的重要动力，蔡昉从经济增长理论出发解释了这个问题：打破新古典增长理论的报酬递减规律的一条途径是破除劳动力的短缺，而这正是二元经济发展所天生具备的，一旦能够将劳动力无限供给特征转化为经济增长源泉，则意味着实现了人口红利的利用。[①] 而在改革开放时期，通过劳动力的产业转移、地区转移，丰富的劳动力资源逐渐被转换为人口红利。从1978年至2016年，中国人均 GDP 实现了年均8.6%的增长速度（图5-3），中国经济得到迅速发展。Cook 认为中国经济的高速增长与经济结构和人口转型相伴而生，因此经济结构从农业向以城市化为基础的工业转变以及有利的人口年龄结构对于经济增长无疑有重要意义。[②] 还有学者的研究发现，"人口红利"是造就"中国经济

[①] 蔡昉：《中国的人口红利还能持续多久》，载《经济学动态》，2011年第6期。
[②] Cook S. "Structural Change, Growth and Poverty Reduction in Asia: Pathways to Inclusive Development". *Development Policy Review*, Vol. 24. No.s1, 2010, pp. s51–80.

奇迹"的最重要因素之一,而大量廉价农业劳动力向城市非农产业转移,可为经济增长提供大量机会成本为零的劳动力要素投入,增加中国经济增长的"人口红利"效应。[①] 改革开放以来,中国工农生产率的巨大差异为劳动力的配置效率提供了巨大空间。从劳动年龄人口构成来看,中国"人口红利"的主力在农村,农村丰富的劳动力资源从农村土地走向城市。2016年农民工总量达到2.8亿人,其中约有1.5亿农村青壮年向城市转移。中国收获"人口红利"的程度取决于农村剩余劳动力的转移程度,但目前城乡劳动力流动的障碍依然存在,应进一步提高劳动力素质并消除城乡劳动力流动的障碍,实现我国"人口红利"效应的最大化。

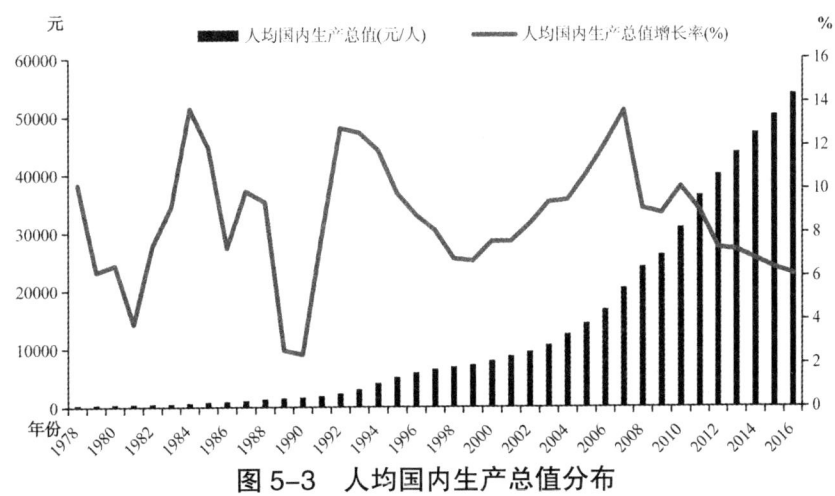

图 5-3 人均国内生产总值分布

数据来源:根据历年的"国家统计局数据库年度数据国民经济核算指标"(1978—2015年)整理所得。

农民进入城市就业,相对于其他劳动力来说,农民工群体成了城市建设的一线承担者和廉价劳动力。据2000年全国第五次人口普查数据显示,农民工占二、三产业就业人口的比重高达46.5%,其中第二产业占56.7%,建筑行业占到80%,农民工填补了劳动密集型产业的岗位空缺,为二、三产业的发展提供了大量廉价劳动力。张航对1995-2005年农民工对各产业贡献的测算结果显示,假设农民工劳动生产率

---

① 汪小勤、汪红梅:《"人口红利"效应与中国经济增长》,载《经济学家》,2007年第1期。

低于城市产业工人，农民工对二、三产业产值的贡献占到产业总值的1.67%－4.71%；若假设农民工劳动生产率与城市产业工人一致，则农民工对二、三产业产值的贡献将占到产业总值的14.77%－24.35%。同时大量农村劳动力走出农村，农业劳动生产率不断提升，从而也促使第一产业产值的增加。然而农民工无论是在工资水平、平均劳动时间还是社会保障等方面都与城镇职工存在较大差距。据统计，1980—2005年，城镇职工平均工资由762元增加到18405元，增加了24.15倍，但同期农民工的工资水平却没有得到相应增长。中国人民银行发布的《2005年中国区域金融运行报告》显示，2005年农民工人均年收入为8520元，仅相当于全国城镇单位在职职工平均工资的46%。另据国家统计局《2009年农民工监测调查报告》显示，2009年外出农民工月平均收入为1417元，比上年增加77元。外出农民工月均收入在800元以下的占7.3%，800—1200元的占31.5%，1200—1600元的占33.9%，1600—2400元的占19.7%，2400元以上的农民工占7.6%。由此可知一半以上的农民工月均收入在800—1600元之间，远低于城镇单位就业人员的平均工资。然而，低水平的工资并不意味着低付出，相反，与低水平的工资相对应的是高强度的劳动时间。《2009年农民工监测调查报告》显示，以受雇形式从业的外出农民工平均每周工作58.4小时，超过《劳动法》规定的44小时的占89.8%，而住宿餐饮业农民工的周工作时间超过60个小时。在外出农民工中，超过四分之三的人仅有初中及以下文化程度，一半以上没有接受过任何形式的技能培训，这也就造成了大多数农民工处于就业、工资水平底端，以牺牲休息时间为代价获得收入。

关于农民工在工业化、城镇化发展节省的资本估算，若按学者给出的农民工的劳动生产率与非农产业工人的劳动生产率之比为1∶1.45计算[1]，据国家统计局2009年全国城镇单位在岗职工年平均工资为32736元，那么当年农民工应得的年平均工资约为22577元，但实际

---

[1] 刘秀梅、田维明：《我国农村劳动力转移对经济增长的贡献分析》，载《管理世界》，2005年第1期。

上2009年农民工的平均工资为17004元,这说明每个农民工本身仅拿走了17004元的应得工资,而剩余的5573元则留在了城镇,以当年农民工人数1.45亿人计算,则2009年农民工仅工资差额一项就留给了城镇8081亿资金。若按改革开放以后我国GDP的年均增长率9.6%计算,1978—2009年,农民工以工资差额的方式为城镇经济发展节约的成本达87348亿元。另外,农民工由于流动性较大问题,社会保障的参与率较低,2009年雇主或单位为农民工缴纳医疗保险、工伤保险和养老保险的比例分别为12.2%、21.8%和7.6%,这也极大降低了城镇的社会保障成本。由以上分析可以看出,进城农民长期从事劳动强度较大、劳动时间较长、收入较低、社会保障差、社会声望低等特点的工作,与城市劳动力在就业上形成互补关系。在新一代农民工的文化素质和职业技能逐步提升的情况下,这种劳动力结构的不均衡关系将会逐步转变。

农村劳动力的转移缓解了农村地区人地紧张矛盾,解决了大量农村劳动力的就业压力,提升了农民的整体收入水平,带动了国家经济结构的调整,为解决"三农"问题奠定了基础。然而由于农村劳动力的转移仅表现为农村向城市的"单向"流动,造成农村青年劳动力的短缺,留守劳动力难以承担起农业现代化发展的重任,乡村振兴战略的实施急需人才资源的支撑。农村劳动力的转移以兼职或放弃农业经营的形式实现,兼职农民已放弃精耕细作的劳动方式,取而代之的是农药化肥的大量投入,造成耕地质量的不断下降,农村留守劳动力无力大面积耕种,土地抛荒撂荒现象较为严重。同时农村劳动力的非完整性转移造成了家庭关系不稳定甚至家庭破裂、"留守儿童"和农村养老等一系列社会问题。《中共中央关于推进农村改革发展若干重大问题的决定》中明确提出,"统筹城乡劳动就业,加快建立城乡统一的人力资源市场,引导农民有序外出就业,鼓励农民就近转移就业,扶持农民工返乡创业"。在引导农村富余劳动力有序流出的同时,还应积极培养符合农业农村发展要求的专业人才队伍,促进城乡人才双向流动,使城乡劳动力实现合理有效配置。农村土地制度改革中将土地所有权、承包权、经营权分置并行，为构建新型农业经营体系，维护农民集体、承包农户和经营主体权益提供了重要保障，通过政策引导让适合且愿意从事农业经营的农民、新型农业经营主体甚至企业来经营耕地，实现由劳动力兼业化带来的土地兼业经营向土地专业化经营转变，以此来促进土地资源的合理利用，吸引懂农业爱农村善经营的优秀人才，扶持引导农民工返乡创业，发挥创业带动就业的倍增效应，推动农村人口的共同富裕。以制度保障将有能力在城市扎根生活的劳动力及其家庭成员从土地中解放出来，在满足转移劳动力获得高收入的同时，维护好和谐的家庭关系，实现城乡人才双向流动。

3. 扭转城乡土地资源的单向流动

在工业化建设初期，城市面积、规模较小，人口比重较低，随着工业化、城镇化的不断发展，农村剩余劳动力不断向城市转移的同时，城市范围开始逐渐向周边农村扩张。由于土地位置具有不可移动性，土地要素流动的实质是功能的转换或土地权属关系的变动，这也是土地资本化的过程，由于农村集体产权界定的模糊，在土地资本化过程中一部分价值被留在"公共领域"，农村单向贡献了大量的土地要素以满足城市的扩张需要，农民成为土地要素和资本转化的利益牺牲者。据国土资源部统计，1987—2015年，全国非农建设占用耕地514万平方公里，年均占用耕地面积17.72万平方公里。由图5-4可以看出，2002—2015年建设用地的面积不断扩大，共新增626.97万平方公里建设用地，年均增长44.78万平方公里。

由于城乡二元结构的土地管理制度，农村集体土地与城市国有土地的地位并不完全平等，国有土地享有更多的权利。我国《土地管理法》规定，"农民集体所有的土地的使用权不得出让、转让或者出租用于非农业建设"，"任何单位和个人进行建设，需要使用土地的，必须依法申请使用国有土地"。这意味着，农民集体所有的土地要进入市场，必须通过国家的征收方式转变为国有土地后，再由政府划拨、出让及招拍挂给用地单位。这也决定了农村集体所有土地的产权交易难以完全按市场经济规律进行，形成了中国特有的农村土地市场。在此市场体系下，农村土地要素和资本不断流向城市，而农民成为土地资本化过程的利益牺牲者，主要表现为农村集体土地向城市国有土地转化的要素和资本流动以及农民市民化过程的土地产权转让。

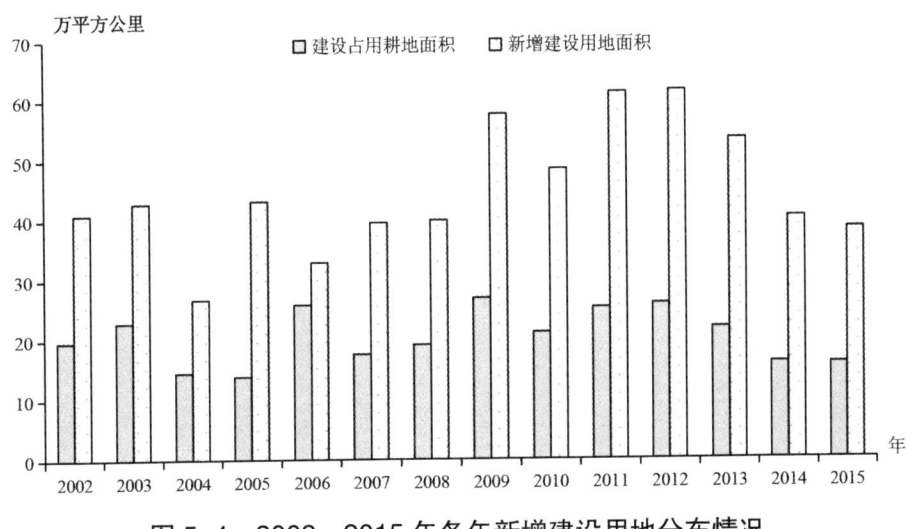

图 5-4　2002—2015 年各年新增建设用地分布情况

数据来源：根据历年的《国土资源公报》(2002—2015 年) 整理而成。

第一，农村集体土地向国有土地转化的要素和资本流动。农村集体土地转化为国有土地的过程具有强制性，补偿标准由政府制定，农民仅得到较少的一次性补偿款，并没有享受土地增值后的红利。1982年以前，国家征收土地通常给予极低的补偿款或以相等的国有土地调换，国有土地实行行政划拨和无偿使用。1982年开始，农村土地征收补偿标准与被征土地原用途的年产值挂钩，补偿分为土地补偿和安置补助，并对补偿额度进行了严格限制。1993年的分税制改革后，中央把土地出让金全部划归地方政府，这一时期，地方政府依然以较低价格向农民征地，这个价格与土地进入一级市场的价格之间存在较大的差价①，由此土地差价成为地方政府财政收入的重要来源，而农民以地价剪刀差的方式为国家建设节省了大量成本。据相关专家估算，

---

① 刘铮：《改革开放30年中国农业贡献的经济学分析》，载《福建论坛》(人文社会科学版)，2009年第2期。

1978—2001年通过土地价格差，农民利益损失2万亿元以上，这部分资金间接成为农村为中国经济发展的部分资本原始积累。

2004年国务院在《关于深化改革严格土地管理的决定》中规定：土地补偿费和安置补助费的总和达到法定上限，尚不足以使被征地农民保持原有生活水平的，当地人民政府可以用国有土地有偿使用收入予以补贴。这一规定虽提升了土地补偿空间，但未能有实质性突破，农民实际拿到的补偿款远低于补偿标准计算的额度。据国务院发展研究中心的调查显示，征地之后土地增值部分的收益分配中，投资者拿走大头，占40%到50%；政府拿走20%到30%；村级组织留下25%到30%，而农民拿到的补偿款，只占整个土地增值收益的5%到10%。另有学者以1987—2007年地方各年财政收入估算得出农民失地的资本贡献为44235亿元。[1] 这些数据仅是粗略计算，改革开放以来，农民对国家经济社会建设做出的贡献难以精确衡量，城市化、工业化对农民和农业的过度索取，是造成城乡差距和工农差距的重要原因，也是导致"三农"处于弱势地位的根本原因之一。

城乡二元的土地管理制度使得城乡土地市场被人为隔阂，导致城乡土地市场的不公平交易，农民难以平等参与城镇化进程中的成果分享。城镇化进程中农用地向城镇规划范围的流动有其必然性，但土地要素伴随的增值收益单向流入城市的局面需要及时扭转。为此，应赋予和保障农村土地享有参与工业化、城镇化的同等机会和权利，健全农村集体土地的权能，以市场为导向，实行征收征用补偿与市场价格挂钩，将土地增值部分的收益返还给农民，拓宽土地补偿范围，寻求多元化的土地征收征用补偿方式，制定失地农民的转业、医疗和养老等社会保障制度。

第二，农民市民化过程的土地产权转让。改革开放以来，农村社会经历了从未有过的变革，农村自身贫穷限制和城市发展的吸引，使得大量农村劳动力开始向城市转移。老一代农民进城务工的目标单一，

---

[1] 孔祥智、何安华：《中华人民共和国成立60年来农民对国家建设的贡献分析》，载《教学与研究》，2009年第9期。

心理诉求简单，仅是获取高于务农的收入就可以满足，最终依然会回归故乡。但随着城镇化和工业化的快速发展，新生代农民工不再简单地以纵向收益为目标，他们更渴望得到和城里人同等的待遇，甚至摆脱农民的身份，融入城市。在城市已逐渐站稳脚跟的农村进城人口，开始在城里买房而举家搬迁，也由此导致大量的农村宅基地和耕地闲置。农民进城务工将土地转包，大资本下乡兼并土地后，实现收益的迅速增值，但农民并没有享受到规模经营带来的收益。全国各地农村土地流转如火如荼地进行，有些地方政府甚至强制将农村土地流转给合作社等经营主体，农民除了拿到流转土地的固定租金外，难以参与其中，仅有少数地方开始尝试农民以土地入股参与经营的方式，部分务工农民返乡后仅能以打工者的身份回归农业生产，农民成了农业经营的旁观者。

农村宅基地买卖政策规定：因经济发展、人口流动等，原使用权人不再使用宅基地，依法可以转让。但宅基地使用权的购买者（受让主体），有资格限制，只可在本集体经济组织内部自由转让，除非外部购买者已经将户口迁入本乡或本村，成为农村集体经济组织成员。同时《土地管理法》规定，"农村村民出卖、出租住房后，再申请宅基地的，不予批准"。这也成为农民市民化过程的巨大障碍，农民市民化过程的成本往往较高。如果户口迁入城市，意味着放弃在农村的各项权益，宅基地在农村内部的流转收益显然低于城镇房屋在城市的流转收益，且远低于进城农民在城市的购房成本。数据显示，2015年，我国城镇常住人口达到7.7亿人，城镇化率达到56.1%，但户籍人口城镇化率还不到40%。已有研究开始关注农民市民化的户籍制度改革和市民化后的完整城镇居民权益，但也应注意到农民在脱离农村户籍时承担的双重机会成本：一是宅基地使用权和耕地承包经营权退出机会成本，二是进入城市面临的住房、教育、交通等一系列的生活成本。农民在城镇落户后的消费意愿强烈，尤其是在住房、教育、交通等方面的需求迅速增加，这也极大地带动了城市经济发展效率和水平。

城镇化不是简单地将农村土地变为城镇用地，更不能以毁灭乡村美好印记为代价,而是要以人为本,推进以人为核心的城镇化,让真正能"化入"城镇的人口实现市民化。应积极探索农村宅基地有偿退出制度,创新宅基地退出补贴方式,可与城镇购房优惠政策或抵押贷款政策挂钩,鼓励务工农民在城镇扎根落户。重构农民与土地的关系,传统农耕时期,农民与土地是"皮之不存,毛将焉附"的关系,是一种维系生存的物质关系,而在农村土地制度改革的重要时期,农民与土地的关系应转变为在农民转移就业之时离得开土地、在农民工返乡创业之时落得下的新型关系,以此推动城乡土地资源及其附属权益的双流动。

(二)共享改革发展新成果,实现藏富于民

2018年是改革开放40周年,中国的改革开放起步于农村,经过40年的努力,中国在改革开放和现代化建设过程中取得了巨大的发展成就。在此过程中,农民作出了巨大的贡献,我国"三农"发生了历史性的变革,现代农业建设取得较大成就,可以说没有农民的努力创造,就没有现在中国发展的辉煌成绩。党的十八届三中全会提出:形成以工促农、以城带乡、工农互惠、城乡一体化的新型工农城乡关系,让广大农民平等参与现代化进程,共享现代化成果。习近平在中共中央政治局第二十二次集体学习时强调:全面建成小康社会,最艰巨最繁重的任务在农村特别是农村贫困地区。我们一定要抓紧工作、加大投入,努力在统筹城乡关系上取得重大突破,特别是要在破解城乡二元结构、推进城乡要素平等交换和公共资源均衡配置上取得重大突破,给农村发展注入新的动力,让广大农民平等参与改革发展进程、共同享受改革发展成果。农村要发展,根本要依靠亿万农民。

1. 工业反哺农业,以城带乡

改革开放之前,由于特殊的历史条件和匮乏的物质基础,个人财富又缺乏其存在的制度和价值取向的合法性,使得藏富于民的观念和行为取向难以实现。[①] 当时的中国只能选择"先积累、后生活"的基本发展战略,以重工业为中心优先重点发展的道路是必然的。受当时国

---

① 吴忠民:《藏富于民的时代意义及实现路径》,载《探索与争鸣》,2010年第11期。

续表

家工业化初期资金匮乏和复杂的国际政治环境等的影响，国家要获得工业化发展的巨额积累，必然要从农业、农村和农民那里抽取建设资金。随着工业的迅速发展，第一产业占国内生产总值的比重急剧下降，1978—2003年间一次产业增加值占国内生产总值比重先由1978年的27.7%下降到1983年的19.3%，之后逐年降低，2013年仅占9.3%，年均下降值约为0.47%。而二、三次产业增加值占国内生产总值的比重则在2013年上升至90%（图5-5）。可以说，当前实施以工业反哺农业、以城带乡的战略已经具备了物质基础，且同样是工业和城市发展到一定阶段的必然结果，是解决好"三农"问题的必然要求，也是促进国家经济社会发展的必然要求。

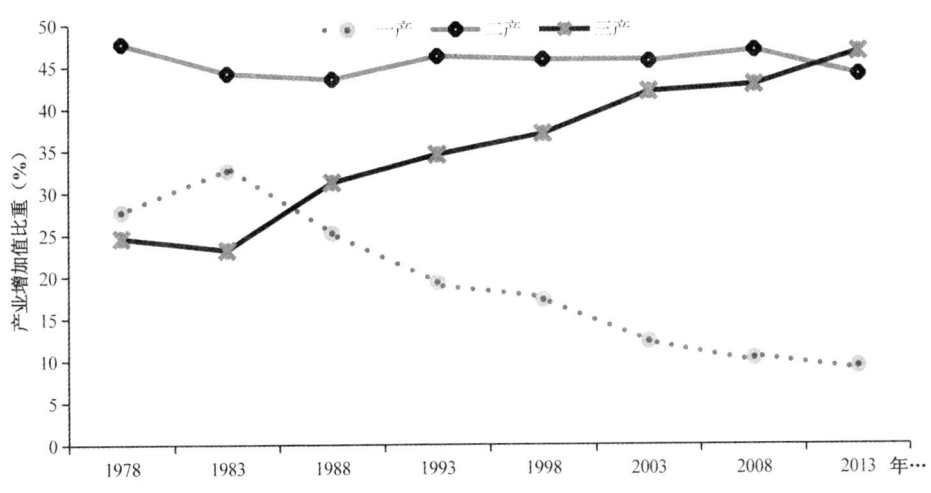

图5-5　1978—2013年三次产业增加值占国内生产总值的比重

数据来源：根据历年的"国家统计局数据库年度数据国民经济核算指标"（1978—2013年）整理所得。

2. 打好精准扶贫脱贫攻坚战

从2018年到2020年，是全面建成小康社会的决胜期，从强调"小康不小康，关键看老乡"的观念到"小康路上一个都不能掉队"的承诺，体现出了当前我国的贫困问题已不再是块状贫困，而更多是点状贫困。我国从20世纪80年代中期开始，就已经将扶贫开发工作逐步纳入国民经济和社会发展的整体布局，各级政府在贫困地区投入大量专项扶贫资金，金融部门发放贴息贷款和小额信贷，以解决贫困人口的基本温饱问题为主要目标，有力地促进了贫困地区的社会经济发展，逐渐缩小了区域间的差距。根据国家统计局农村住户调查和居民收支与生活状况调查数据，按当年现行农村贫困标准衡量，1978年末农村贫困发生率约97.5%，农村贫困人口规模7.7亿人，20世纪以来，农村贫困人口减少4.3亿人，占改革开放以来农村建平总规模的58.4%，贫困发生率下降46.7个百分点。2011年后贫困县标准大幅提高至2536元，农村贫困人口达到1.22亿，截至2017年末，全国农村贫困人口3046万人，贫困发生率为3.1%。同时贫困地区农村居民分项收入增速全面快于全国农村居民，贫困地区农村居民人均工资性收入3210元，比上年增长11.8%，增速比全国农村平均水平高2.3个百分点。①

可以说，自改革开放的40年间，我国已经走出了一条中国特色的减贫道路，扶贫脱贫工作取得了重大突破。农村贫困人口的脱贫问题依然是实现全面建成小康社会目标的短板。有学者通过对2002—2010年间扶贫工作重点县不同收入组的收入进行比较，发现区域性覆盖式扶贫虽促进了贫困地区的经济增长、缩小了贫困地区与其他地区的差距，但也因为贫困地区内部相对富裕的家庭受益更多而扩大了内部的收入差距。②粗放式扶贫方式的低质低效、农村贫困人口家底不清、扶贫效果减弱、贫困地区内部收入差距拉大等问题日益凸显。

推进精准扶贫，消除贫困人口，是新时代实现全面建成小康社会、实现中华民族伟大复兴中国梦的重要保障。自十八大以来，以习近平同志为核心的党中央领导集体，将扶贫脱贫工作作为国家"十三五"规划的一号工程，提出了一系列新思想、新论断和新要求。

3. 农民共享改革发展新成果

进入21世纪以来，我国GDP持续保持高速增长并一跃成为世界

---

① 国家统计局：《2017年全国农村贫困人口明显减少 贫困地区农村居民收入加快增长》，载国家统计局网站，2018年2月1日，http://www.stats.gov.cn/tjsj/zxfb/201802/t20180201_1579703.html。

② 汪三贵、刘未：《以精准扶贫实现精准脱贫：中国农村反贫困的新思路》，载《华南师范大学学报》（社会科学版），2016年第5期。

第二大经济体，创造了举世公认的经济发展奇迹，2014年我国GDP突破10万亿美元，为日本的2.4倍。国家统计局数据显示，2000-2012年我国GDP的年均增长率为14.8%，同期财政收入年均增长率为19.7%。与此形成对照的是，农村居民家庭平均每人纯收入年均增长率仅为10.4%，城镇居民家庭人均可支配收入年均增长率为11.7%。在改革开放初期，鼓励一部分人、一部分地区先富起来的分配政策确实有其历史性和合理性，不过在国民财富蛋糕持续做大的同时，群体之间、城乡之间、地区之间的收入差距不断扩大，富者愈富、穷者愈穷的现象已在城乡之间不断显现，如何由"先富"走向"共富"，理清"国富"与"民富"的关系，合理调节国民财富分配结构已经刻不容缓。

我国富民的思想渊源极早，《尚书》中有"裕民""惠民"的观点，《周易·益》说"损上益下，民说无疆"，都把重视人民的利益视为统治者的德政。"藏富于民"则是古代富民学说的延伸，也是马克思主义的财富观在现代国家财富分配中的体现。"藏富于民"既要努力搞经济建设，将国民财富这块蛋糕做大，又应采取适当的分配政策，让人民得到经济增长带来的利益和实惠，实现共同富裕。[①] 近些年来，我国粮食生产实现12连增，农民人均纯收入实现连年较快增长，在新世纪的富民政策支持下，农民人均纯收入增幅呈现出高于城镇居民人均可支配收入增幅的可喜成绩。同时，随着农民进城务工和定居的限制条件逐步解除，务工收入已逐步代替农业收入成为新世纪我国农民收入增长的重要支柱。但城乡二元结构造成的城乡差别对农民造成了极大的不公，城乡二元的户籍管理制度以及各种"二元待遇"，成为进城务工农民提升工资性收入和化入城市的极大障碍。要真正改变农民生活，让农民共享改革新发展成果，一是要为真正有能力在城市稳定下来的农民提供政策绿色通道，让这部分农民化入城市；二是要引导热爱农业、留恋农村的农民继续留在农村，让这部分农民成为支持乡村发展、承继乡村文化的根本；三是要支持爱农业、懂技术、善经营的农民回

---

① 廖兰：《马克思主义财富观与"藏富于民"》，载《宜宾学院学报》，2012年第12卷第1期。

乡创业，成为新型职业农民的重点培育对象，作为新型农业经营主体的领导者，发展农村的三产融合，带动当地农民就业增收能力，让农民为共享发展成果找到载体。为此，应全面深化改革释放新的制度红利，找准农业农村发展的新动能，让农民共享改革开放的新成果，实现农民的富裕化。

三、社会地位得到提升：实现从被人忽视向令人羡慕转化

过上好日子、富日子，实现体面生活，是中国农民千百年来的梦想。伴随着农村青壮年劳动力的大量外流，妇女、儿童、老人成了农村留守人口的主要构成，留守老人成为从事农业生产的主要力量，农民荒、老龄化等问题不断凸显，"谁来种地"的问题已引发社会各界的关注。2013年底中央农村工作会议上提出"富裕农民、提高农民、扶持农民，让农业成为有奔头的产业，让农民成为体面的职业，让农村成为安居乐业的美丽家园，这样才能吸引住青年人才，造就新型农民，确保农业后继有人"。但现实生活中，无论是来自家庭收入的经济压力还是城市消费理念带来的心理冲击，都难以让农民真正成为体面的职业。有学者认为"愚、穷、弱、私"是中国农民问题的集中体现，也有学者提出"农村真穷、农民真苦、农业真危险"的警示。因此，要使农民真正成为一份体面的职业，还必须克服农民教育偏低、农业收入过低、二元户籍限制和不完善的社会保障等障碍性因素，最终将农民塑造成令人尊重和羡慕的职业。

（一）农民教育要提，培养职业农民和实用人才

实施乡村振兴战略不能光看农民口袋里票子有多少，更要看农民文化素质怎么样。农民职业的体面化首要任务是提高农民教育水平，主要可分为农村生活的居民教育、城市务工的农民工子女教育和新型职业农民的培育。

一是扎实做好农村教育工作，统筹城乡教育一体化。党的十九

大报告提出:"推动城乡义务教育一体化发展,高度重视农村义务教育……努力让每个孩子都能享有公平而有质量的教育。"中国教育科学研究院教育理论研究所所长邓友超指出:当前,农村义务教育一定程度上存在"空、弱、散"现象,必须尽快补齐短板。在农村与城市教育发展落差日渐加大的情况下,越来越多的家庭意识到让子女在城镇接受义务教育的重要性,即使要付出的教育成本相对较高,也会通过各种途径选择让子女进城接受义务教育。2017年在国家级贫困县甘肃省会宁县某农村调研时发现,农村家庭对子女的教育投入极大,教育支出占到了家庭纯收入的一半以上,且大多家庭偏向让子女进城接受更好的教育;到高中教育阶段,还需要投入家庭劳动人口进城陪读,家庭经济负担较重。同时,农村教师的社会吸引力持续下降,师资外流现象加重,由此产生了大量农村生源自主性流失并致使乡村校园凋敝。[1]城乡教育的差距很难在短期内解决,跨区域的教育差距缩小更是有待于各区域社会经济的均衡发展,当前应先积极发展县域范围内的教育均衡发展,在县域内统筹布局学校网点,尤其要保障贫困山区人口的教育条件,扩大农村普惠性学前教育资源。巩固提高农村义务教育水平,建立城乡统一、重在农村的义务教育经费保障机制,推进农村学校标准化建设。普及高中阶段教育,逐步分类推进中等职业教育免除学杂费政策,率先从建档立卡的家庭经济困难学生实施普通高中免除学杂费。同时应注重加强乡村教师队伍建设,造就一支素质优良、甘于奉献、扎根乡村的教师队伍。

二是着力解决农民工子女教育问题,探索户口学籍分离制度。国家卫计委发布《中国流动人口发展报告2016》显示,2015年我国流动人口规模达到2.47亿人,相当于每六个人中有一个人是流动人口,"十三五"时期,跨省和省内农民工流动持续增长,80后新生代流动人口比例为51.1%,流动人口平均年龄上升至29.3岁,比2013年增加1.4岁,流动人口在流入地的家庭规模达到2.61人,超过一半的家庭有三

---

[1] 梁波、董婷:《农村义务教育"衰败":危机与反思——以J省N地区六所农村小学为例的观察与分析》,载《中国农业大学学报》(社会科学版),2018年第1期。

人及以上同城居住，这说明举家外出的农民工比例不断上升。动态监测数据显示，近九成的已婚新生代流动人口是夫妻双方一起流动，与配偶、子女共同流动的约占60%。提高工资性收入已不再是农民工进城务工的唯一目标，子女教育问题正逐渐成为新生代农民工进城务工的重要关注点，也是农民工真正融入城市的焦点问题。不过由于户籍制度的限制，农民工子女教育问题正成为现阶段我国义务教育的难点和薄弱环节，城市应统筹公办教育和民办教育资源，推进农民工子女融合教育，加强特殊教育与普通教育的融合，让流动人口在城市接受公平教育，让农民工在新环境中获得归属感。应将农民工子女教育纳入城市教育规划和经费预算，加大对流动人口集聚区的教育资金投入和政策支持，探索实施学籍与户籍分离的教育制度，让农民工子女能在父母所在地有就读初中和高中得权利。解决好农民工子女的教育问题，既是让农民工尽快融入城市、阻断代际教育传递的重要途径，也是减少农村留守人口及引发的一系列社会问题的有效途径。

　　三是加强农村职业教育培训，形成职业农民培育体系。实施乡村振兴战略，不但需要资金的支持，更应强化人才的支撑，一方面需要培养一支懂农业、爱农村、爱农民的"三农"工作队伍，办好农村的职业教育，加强涉农专业全日制高等学历教育，支持农业院校办好涉农专业，实施农科教协同育人，引导高校开展农技服务，储备实用型人才。通过"大学生村官""三支一扶"计划等高校毕业生基层服务项目，引导鼓励高校毕业生到农村服务。另一方面要培育造就一批爱农业、懂技术、善经营的新型职业农民。发展现代化农业要求有一批与其相适应的新型职业农民，农村职业教育则可以依赖于农村人口，放宽农民参加职业教育培训的条件，以当地农民和有意愿在农村就业的高校毕业生为主要培育对象，增强对农业和农村服务类知识的教育，挖掘本地的潜在职业农民，对促进职业农民队伍建设提供有利条件。另外，新型职业农民已不仅是生产者，还是经营者、管理者，在注重农业实用技术、特殊专业技能培训的同时，还应适当培育职业农民的市场经济意识和创业精神。

（二）农民收入要高，吸引高素质人才上山下乡

推进农业现代化发展必须留住高素质的农业劳动力，而留住人的关键是让农民有足够的收入。有了体面的收入，农民职业才能真正意义上实现体面化，才能吸引高素质人才流入并扎根农村。农业到底能不能为农民带来较高投资回报的问题一直颇受争议，不过，近几年农业却成为商业大佬们竞相追逐的对象，大批资本纷纷"上山下乡"开始投资农业，如阿里巴巴、京东等大型企业开始瞄准农业产业链的各个环节，寻求农业带来的高附加值。问题又回到了农业的投资回报率，很显然，资本市场的认可正不断激活农业资源、资本的潜能。充分发挥农业的资源优势，壮大乡村发展新动能，是提高农民收入的新方向。改革开放以来，我国农村土地长期具有较低流动性，家庭联产责任制也促使农户作为基本的经济决策单元，不过，由于农村土地集体所有的基本产权制度使得土地产权的市场化流动非常困难。同时，农户家庭为提高整体收入，家庭劳动力开始向外转移，这部分农户普遍将土地委托给邻居、亲戚或当地的种植能手经营，这种非正式契约形式的土地流转具有短时性和不稳定性，且这种"非正式"的契约关系并没有给外出就业的农民带来较大的租金收益。[①] 长期以来，农户家庭外出劳动力在非农就业领域的工资性收入并不具有稳定性，而留在农村的土地价值并未体现，难以成为减缓农民收入风险的保障。

从农民收入构成的角度来看，农民家庭经营性收入虽然在农民总收入的比重呈下降趋势，但作为现代化农业发展支撑力量的新型职业农民，则以农业生产、经营或服务为主要职业，以农业收入为主要生活来源。因此，提升新型职业农民的经营性收入是首要任务，新型职业农民可作为实现农业规模经营的专业大户、家庭农场和农民合作社等的带头人，融合二、三产业，稳定农产品销售渠道，引导农民有效规避市场风险，促进小农户的小生产和大市场的有效对接，带动当地

---

① 王春超：《农村土地流转、劳动力资源配置与农民收入增长：基于中国17省份农户调查的实证研究》，载《农业技术经济》，2011年第1期。

形成农业产供销加服一体化服务体系，激活农村发展活力，推进农业现代化发展，成为当地农民增收的支撑力量。工资性收入正逐渐成为农民总收入的重要组成部分，对提升农民收入的作用越来越明显，在农业产业结构调整的关键时期，应融合农村一、二、三产业全面发展，增强农村本身吸纳农民的就业能力，为农民收入提供持续性保障。同时放宽农民外出就业政策，拓宽农民外出务工渠道，降低农民外出工作的成本，促进农村剩余劳动力的合理流动，提高农民的工资性收入水平。居民的财产性收入占比是衡量一个国家或地区市场化和国民富裕程度的重要标志，而我国农民的财产性收入在农民总收入中所占的比例还很低。[1] 十九大报告提出，要深化农村集体产权制度改革，保障农民财产权益，壮大集体经济。习近平总书记也多次强调，农村集体产权制度改革是对农村生产关系的进一步调整和完善，要着力推进农村集体资产确权到户和股份合作制改革。应推进农村集体产权制度改革，激活农村集体资产、资源，增加农民的财产性收入。长期以来，城镇居民和农村居民在政府转移性支付的分享方面存在较大差别，进而导致了区域内收入的不平等，另外由于农业生产的特殊性，应加大对农业反哺的力度，完善各项补贴制度，优化补贴方式，将转移性收入作为农民参与农业经营活动的风险保障。只有全面提升农民的收入，增强农业比较收益，为农村创造优越条件，才能促进农村人才的双流动，吸引爱农业、懂技术、善经营的高素质返乡人才，让新型职业农民成为真正体面的职业。

（三）农民生活要好，满足人们美好生活新期待

十九大报告提出中国特色社会主义新矛盾已由"人民日益增长的物质文化需要"向"人民日益增长的美好生活需要"转变，经过多年的经济发展，我国稳定解决了十几亿人口的温饱问题，距离全面实现小康社会的目标越来越近，人民对美好生活的需要更加迫切。不过在

---

[1] 唐娟莉、张云燕：《我国农民收入倍增现状分析与制度保障》，载《山西农业大学学报》（社会科学版），2018年第17卷第1期。

物质生活方面，还存在不少短板，打好精准脱贫攻坚战，缩小城乡发展和收入分配差距的任务依然艰巨。在不断提升新时代农民富裕程度的同时，还应考虑到农民对精神生活、社会保障和生态环境等提出的新要求，全面优化农民生活质量，为新型职业农民提供良好的经济、社会和生态环境。

在经济领域，增加农民经济收入是改善农民生活质量的基本要求，应着力解决城乡收入差距和农村内部收入差距问题，减少农民负担，精准识别特困农户，打好脱贫攻坚战，为农民生活质量提供物质基础。在文化领域，挖掘建设现代农村的文化根基，丰富农村文化生活，带动乡村特色文化产业发展，推动乡村文化振兴。在社会领域，须完善农民社会保障制度，长期以来，土地在农民社会保障中占有重要地位，也是农民收入的重要来源。随着农业生产力的不断发展和农民兼业化程度的提高，土地逐渐向新型农业经营主体集中，农业逐步实现规模化经营，提高了土地的利用效率，兼业型农民对土地的依赖程度较低，且土地的社会保障功能逐渐减弱，难以承担减弱农业种植风险和外出务工风险。农村土地的三权分置赋予农民对承包地农民对承包地占有、使用、收益、流转及承包经营权抵押、担保权能，这也将再次激活土地的社会保障功能。另外在农民教育、医疗、养老等社会保障方面与城镇居民还存在一定差距，须缩小城乡二元化带来的社会保障问题，消除农民的后顾之忧。

加强农村基础设施的建设，让农民在生产、生活过程中与城市居民共享现代化发展的成果。首先，农村生产性基础设施是直接服务于农业生产发展的基础性条件，既包括农田水利水电工程、耕地保护等，又包括农村生态环境的优化，这也是发展现代农业的基本要求，为新型职业农民的生产经营性活动提供基础保障；其次，农村生活性基础设施的建设将直接服务于农民的生活，在满足农民用水、用电、人居环境和基础安全建设等基本生活要求的同时，还应促进农民精神文明建设的物质条件，尤其是在教育文化卫生体育设施建设及网络建设方面；最后，农村服务性基础设施建设是提升农民生活质量的重要保障，同时也是推进传统农业向现代农业转型升级的必然要求。

（四）农民机会要多，机会均等彰显农村新魅力

2018年中央农村工作会议指出，实施乡村振兴战略要"坚持农民主体地位"，强调发挥"亿万农民的创造精神"，多年的改革实践证明，没有谁比农民更了解农村，没有谁比农民更贴近农业，没有谁比农民更关心自己，农民才是真正实现农村改革、农民富裕的主力军。回望新中国成立以来农民为国家建设做出的诸多贡献，大量进城务工的农民工成为推动我国经济发展的重要力量，但他们带来的人口红利等被城市掠夺。曾经的农村不乏各类人才，而现在农村人才单向流入城市，学业有成的不愿回乡就业，当官的不愿扎根农村，经商的不愿返乡创业，农村人才流失严重，乡村振兴急需人才。不过，在工业化城镇化不断发展的过程中，工农业产品的价格剪刀差使得农业的比较收益明显较低，农业种植已难以满足农民对生活的更高需求，越来越多的农民不再愿意从事农业。农民进城务工将土地转包，大资本下乡兼并土地后，实现收益的迅速增值，但农民并没有享受到规模经营带来的收益。全国各地农村土地流转如火如荼地进行，有些地方政府甚至强制将农村土地流转给合作社等经营主体，农民除了拿到流转土地的固定租金外，难以参与其中，仅有少数地方开始尝试农民以土地入股参与经营的方式，部分农民又以打工者的身份回归农业生产，农民成了农业经营的旁观者。同时农民工在城市生活受到城乡二元化带来的种种限制，使其难以真正化入城市，他们既面临返乡务农的就业压力又面临继续留在城市的生存压力；既面临城镇的机会落差，还要面对农村内部的权利落差。

要实现农民职业的体面化，发挥农民在乡村振兴中的主体作用，增加农民的参与机会是首要任务。要让农民有更多权利参与农村改革，尊重农民意愿，激发农民本身的创造力。农村土地是属于农民集体所有的重要资源，是农民生产生活的空间载体和增收致富的核心资产，新形势下农村土地制度改革主要针对农业现代化发展中的人地矛盾问题，通过激活土地经营权的诸多权能，促进农村集体和农户的各

项土地财产权得以有效实现。因此在激活农村"三块地"的改革过程中，应避免农民权益的边缘化，让农民充分参与改革的全过程，为农村人口提供有偿退出农村宅基地的政策，同时为热爱农业的特需人才提供进入农村并获得农村宅基地的渠道，以促进城乡人才双流动。农村集体经营性建设用地产生增值收益时，农民可依所有权和承包经营权，以土地折价入股，参与土地增值收益的分配。应引导新型职业农民成为振兴乡村的带头人，让农民主动参与土地流转过程并逐步成长为新型农业经营主体的领导者。农民可自愿选择成为职业农民，也可以通过转移就业在城市落户稳定生活，城乡户籍制度改革已是必然趋势，让真正爱农业爱农村的人成为职业农民，让有能力在城市稳定生活的人融入城市，享受城乡一体化带来的机会均等、社会保障和公共服务均等，以此彰显农村新魅力。

（五）农民心情要美，获得感与幸福感同向提升

在农民物质生活日益改善的情况下，农民精神文化需求不断增长，正常来说，农民在收入不断提升之后，对精神生活的追求会更高，农村文化生活也会日益丰富。不过课题组在对甘肃、湖南、河北的11个农村调研时发现，农村的空心化问题严重，留守儿童留守老人现象普遍，农户大门长期落锁，院墙内一片荒凉，走在安静的乡间小道上，已难见到种地农民，在村庄里偶尔见到有人群聚集喧闹，走近了才发现原来是在为打麻将而争执不下，也只有这里才能感觉到农村的略微气息。偶然遇到的青年农民或不愿理睬或讲起农村的落后和无趣，村里个别的富户，盖起了小别墅，仅在避暑、过年时节才回来小住，与村里其他农户的生活形成了鲜明对比。农村里一部分居民靠外出务工致富而长期移居城市，一部分仍然靠着辛勤劳动在农村过着平淡的生活，少部分人选择依靠政府救济过日子。曾经一首"有钱没钱回家过年"唱哭了多少在外务工的农民，又道出了多少务工农民有家不能回的苦，然而，回到家乡时已难再现那份乡村的热闹和美好。在当今农村的农民看似悠闲，实则缺少了一份精神归属。农村聚众赌博、村霸

横行、村风低俗等现象频发，该怎样建设美丽和谐的新乡村？农村婚丧嫁娶攀比严重，农民负担变相增加，如何在提升农民获得感的同时增加农民的幸福感？返乡创业人才在远离喧嚣的城市之后，又该如何在农村找到精神的寄托而长久地稳定下来？

积极培育文明乡风、良好家风、淳朴民风是新时代乡村振兴的新要求。乡风是维系中华民族文化基因的重要纽带，而农耕文明是乡风文明的根和魂，应重视传承农耕文化所具有的独特内涵和优势，并结合现代的和谐、环保、绿色等理念，引导农民在思想观念、行为操守、素质修养等方面继承和发扬优良文化传统，形成乡村积极、健康、向上的社会风气，积极培育乡村文化的弘扬者，树立乡村文明的典范，构建和谐的新乡村。家风是社会文明的根基，针对农村留守人口问题，以优良家风带动农村新气象，促进家庭和睦，邻里互帮互助，激发农民的荣誉感和上进心，让新农村成为安居乐业的美好家园。民风则是社会兴衰的风向标，由于农村内部的收入差异，同村农民的富裕程度开始分化，在农村婚丧嫁娶是头等大事，"酒席风"也因此成为部分农民炫富、攀比的重灾区。原本邻里之家的温暖和谐、有人情味的礼尚往来已完全变了样，在农民群众之间疲于应付各种酒席，农民负担不断加重的同时，农村传统优良民风已逐渐跑偏。应有效引导农民群众价值判断，促进形成乡风文明建设的价值标准和行为规范，让淳朴民风回归；最终做到让农民群众心情美好、生活和谐，让农村居民真正感受到作为新型职业农民的幸福。

第六章　当代中国"三农"发展的新方向

一、当代中国"三农"发展的新局面

（一）国家发展历史方位：中国特色社会主义进入新时代

改革开放之初，我们党提出了要建设中国特色社会主义的伟大号召，经过几十年的理论和实践探索，我们对社会主义的认识不断加深，对中国特色社会主义的规律逐渐把握，中国特色社会主义事业达到了一个前所未有的新高度。党的十八大以来，习近平总书记提出了一系列新思想、新论断和新举措，形成了新时代中国特色社会主义思想，为我党的治国理政开辟了新视野，中国特色社会主义由此进入了新时代。党的十九大，从实现中华民族伟大复兴的视角、科学社会主义在中国和世界发展的视角和现代化的视角对中国特色社会主义进入新时代作出重大判断。① 十九大报告指出："中国特色社会主义进入了新时代，这是我国发展新的历史方位。中国特色社会主义进入新时代，意味着近代以来久经磨难的中华民族迎来了从站起来、富起来到强起来的伟大飞跃，迎来了实现中华民族伟大复兴的光明前景；意味着科学社会主义在21世纪的中国焕发出强大生机活力，在世界上高高举起了中国特色社会主义伟大旗帜；意味着中国特色社会主义道路、理论、

---

① 田克勤：《中国特色社会主义新时代内涵的多维思考》，载《马克思主义理论学科研究》，2018年第2期。

制度、文化不断发展，拓展了发展中国家走向现代化的途径，给世界上那些既希望加快发展又希望保持自身独立性的国家和民族提供了全新选择，为解决人类问题贡献了中国智慧和中国方案。"

党的十九大提出了习近平新时代中国特色社会主义思想的精神实质是坚持党对一切工作的领导，坚持以人民为中心，坚持全面深化改革，坚持新发展理念，坚持人民当家作主，坚持全面依法治国，坚持社会主义核心价值体系，坚持在发展中保障和改善民生，坚持人与自然和谐共生，坚持总体国家安全观，坚持党对人民军队的绝对领导，坚持"一国两制"和推进祖国统一，坚持推动构建人类命运共同体和坚持全面从严治党等14条"坚持"。14条"坚持"也构成了新时代坚持和发展中国特色社会主义的基本方略。中国特色社会主义是历史的结论，人民的选择。中国特色社会主义进入新时代，中国要乘势而上，努力完成到2020年全面建成小康社会，2035年基本实现社会主义现代化和2050年建成富强民主文明和谐美丽的社会主义现代化强国的目标。

新时代是中华民族实现强起来的时代，实现中华民族伟大复兴是坚持中国特色社会主义道路的必然结果。习近平指出："站立在960万平方公里的广袤土地上，吸吮着中华民族漫长奋斗的文化养分，拥有13亿中国人民聚合的磅礴之力，我们走自己的路，具有无比广阔的舞台，具有无比深厚的历史底蕴，具有无比强大的前进定力。"[①] 新时代中国社会的主要矛盾由人民日益增长的物质文化需要同落后的社会生产力之间的矛盾，转变为人民日益增长的美好生活需要和不平衡不充分的发展之间的矛盾。但中国共产党的历史使命仍然是带领中华民族实现伟大复兴。新时代是实现伟大复兴的中国梦的时代，需要党带领人民进行伟大斗争，发扬斗争精神，提高斗争本领，不断夺取伟大斗争的新胜利；需要党深入推进党的建设的伟大工程；需要坚持推进社会主义现代化建设的伟大事业。

---

① 中共中央宣传部：《习近平总书记系列重要讲话读本》，学习出版社、人民出版社2016年版，第39页。

(二)"三农"发展历史方位:"三农"进入新时代

中国特色社会主义进入新时代要求要贯彻新的发展理念,建设现代化经济体系。在2017年中央一号文件中就提出"我国农业农村发展不断迈上新台阶,已进入新的历史阶段"。乡村是可以大有作为的广阔天地,中国将举全党全国全社会之力推动农业全面升级、农村全面进步、农民全面发展,迎来乡村全面振兴的新时代。乡村振兴战略为新时代"三农"发展绘出新蓝图,农业将成为有奔头的产业,农民将成为有吸引力的职业,农村将成为安居乐业的美丽家园。习近平指出:"实施乡村振兴战略,是党的十九大作出的重大决策部署,是决胜全面建成小康社会、全面建设社会主义现代化国家的重大历史任务,是新时代做好'三农'工作的总抓手。农业强不强、农村美不美、农民富不富,决定着全面小康社会的成色和社会主义现代化的质量。要深刻认识实施乡村振兴战略的重要性和必要性,扎扎实实把乡村振兴战略实施好。"①

进入新时代,解决"三农"发展中的问题依然是党的一切工作的"重中之重"。党的十九大报告提出:"要坚持农业农村优先发展,按照产业兴旺、生态宜居、乡风文明、治理有效、生活富裕的总要求,建立健全城乡融合发展体制机制和政策体系,加快推进农业农村现代化。"实现农业农村的现代化是新时代"三农"发展的主旋律,到2020年乡村振兴要取得重要进展,制度框架和政策体系基本形成。农业生产能力提升、农村产业发展、农民生活水平改善、农村基础设施建设、人居环境整治、公共服务水平提升、人才吸引力增强、生态环境好转和乡村治理完善等方面的举措将得以确立。到2050年,乡村全面振兴,农业强、农村美、农民富全面实现。

(三)"三农"发展的政策引领

"务农重本,国之大纲","三农"是全局稳定的"定海神针"。新

---

① 《习近平:乡村振兴战略是一篇大文章》,载新华网,2018年3月9日,http://www.xinhuanet.com/mrdx/2018-03/09/c_137025846.htm。

时期,"三农"发展取得了一系列举世瞩目的成绩,但面临的难题和挑战仍然很多。农业资源消耗大、生态环境压力加剧、农民种粮效益较低和农业生产结构不合理等问题日益凸显。①贯彻落实好习近平新时代中国特色社会主义思想是今后做好"三农"工作的重要基础。

"农,天下之本,务莫大焉",要加快推进农业供给侧结构性改革,补齐农业现代化的短板。2013年习近平在山东农科院座谈会上指出,"农业出路在现代化,农业现代化关键在科技进步。我们必须比任何时候都更加重视和依靠农业科技进步,走内涵式发展道路"。推进农业供给侧结构性改革,就要加快"三权分置"进程,培育新型农业经营主体,构建三产融合发展农业体系,挖掘多功能发展模式,促进农业绿色发展和激发全社会共建共享农业活力。根据2018年中央一号文件提出的目标,"到2020年,农业综合生产能力稳步提升,农业供给体系质量明显提高,农村一、二、三产业融合发展水平进一步提升;到2035年,农业结构得到根本改善;到2050年,农业强的目标全面实现"。

农村是广大农民生活的家园。美丽乡村要实现环境美、产业美和人文美的统一。乡村文明是中华民族文明史的主体,村庄是乡村文明的载体,新农村建设一定要走符合农村的建设路子,注意乡土味道,体现农村特点,记得住乡愁,留得住青山绿水。②

农民问题是"三农"问题的靶心。全面建成小康社会的首要任务是解决农村贫困人口脱贫问题。习近平提出如果贫困地区的贫困面貌得不到改变,那我们社会主义制度的优越性就无从体现,也就不是社会主义了,因此,要精准扶贫、精准脱贫,解决好"扶贫谁""谁来扶"和"怎么扶"的问题。要将扶贫与扶志和扶智相结合,树立"宁愿苦干,不愿苦熬"的观念,改变"靠着墙根晒太阳,等着别人送小康"的观念。③在使农民摆脱贫困实现富裕后,也要转变传统农民思维,让农民

---

① 《"三农"问题是重中之重》,载《山西日报》,2017年8月1日。
② 《以美丽乡村建设为主题 深化农村精神文明建设》,载人民网,2015年9月7日,http://theory.people.com.cn/n/2015/0907/c40531-27550839.html。
③ 中共中央宣传部:《习近平新时代中国特色社会主义思想三十讲》,学习出版社2018年版,第231页。

成为体面的职业，努力实现教育水平和收入水平的提高，增加农民发展机会，让农民拥有更强烈的幸福感和获得感。

二、当代中国"三农"发展的时代指引

改革开放以来，我国"三农"工作的形势与面貌发生了翻天覆地的变化，取得了丰硕的发展成果，为我们赢得全局工作主动发挥了重要作用。党中央高度重视农业农村农民工作，着眼于我国经济社会发展全局，深刻阐明了"三农"工作的战略地位、发展规律、形势任务、方法举措，对指导做好"三农"工作提出了许多新思想、新理念、新论断，为新时期农业农村改革发展提供了重要遵循。

（一）开启新时代农业农村农民现代化发展新阶段的指南针

贯彻落实好党和国家的"三农"发展路线、方针和政策，是正确把握我国基本国情的必然选择，是实现中华民族伟大复兴中国梦的客观要求，是落实党的宗旨、巩固党的执政基础的重大任务，对于推进当前和今后一段时间的"三农"发展，都有重大的指导意义。

"食为政首，农为邦本"，农业农村农民问题是关系国计民生的根本性问题。"'三农'问题不仅事关农民利益，而且事关全局发展，是全党工作的重中之重。"[①]党的十八大以来，在以习近平同志为核心的党中央坚强领导下，国家持续加大强农惠农富农政策力度，扎实推进农业现代化和新农村建设，全面深化农村改革。近几年来，我国农业现代化稳步推进，粮食生产能力跨上新台阶，农村社会和谐稳定，农民收入持续增长，农业农村发展取得了历史性成就。然而，我国"三农"发展仍然存在很多问题，并在新形势下面临着新的表现形式。当前，我国发展不平衡不充分问题在乡村最为突出，不平衡问题表现在城乡之间经济社会发展之间的差距仍然存在，不充分问题体现在乡村生产生活生态的整体质量有待进一步提高且三者之间的有机协调仍未实现。

---

① 习近平：《之江新语》，浙江人民出版社2007年版，第43页。

农民增收困难，农业人口流失，农村"空心化"，资源日益稀缺，生态环境脆弱，农村基础设施依然薄弱。因而在新的历史条件下，农业在国民经济中的基础地位没有变，农民是最值得关怀的最大群体的现实没有变，农村是全面建成小康社会的短板没有变。[①]因此，做好"三农"工作，关乎城镇化战略顺利推进，关乎内需的有效拉动，关乎全面小康社会能否如期建成。

要看到，农业还是"四化同步"的短腿，农村还是全面建成小康社会的短板。而中华民族的伟大复兴不能建立在农业基础薄弱、大而不强的地基上，不能建立在农村凋敝、城乡发展不平衡的洼地里，不能建立在农民贫困、城乡居民收入差距扩大的鸿沟间。[②]"三农"问题始终是贯穿我国现代化建设和实现中华民族伟大复兴进程中的基本问题，任何时候都不能忽视农业、忘记农民、淡漠农村，要始终把"三农"工作抓住、抓稳、抓好。因此，"中国要强，农业必须强；中国要美，农村必须美；中国要富；农民必须富"，我们必须始终坚持把"三农"问题作为事关中国特色社会主义事业兴衰成败的关键问题，作为实现中华民族伟大复兴中国梦的客观要求，高度重视和认真解决好"三农"问题。

做好经济社会发展工作，民生是"指南针"。[③]"三农"是国家经济的重要基础，是全党工作的重中之重，习近平指出，党中央的政策好不好，要看乡亲们是笑还是哭。如果乡亲们笑，这就是好政策，要坚持；如果有人哭，说明政策还要完善和调整。因此，把实现好、维护好、发展好广大农民群众的根本利益作为做好"三农"工作的出发点和落脚点，不仅是贯彻好党的根本宗旨的重要体现，而且是农村改革方向的"指南针"。立党为公、执政为民是党的根本宗旨，工农联盟是党执政的政治基础。农业是安天下、稳民心的战略产业，"三农"问题

---

① 韩长赋：《新形势下推动"三农"发展的理论指南》，载《求是》，2017年第2期。
② 韩长赋：《新形势下推动"三农"发展的理论指南》，载《求是》，2017年第2期。
③ 中共中央宣传部：《习近平总书记系列重要讲话读本》，学习出版社、人民出版社2016年版，第213页。

始终与我们党和国家的事业休戚相关。①农民的富裕影响中国的普遍富裕，农民安居乐业，整个大局就有保障，各项工作就会比较主动。中国共产党成立以来，正是由于在不同时期都能正确处理农民问题，使广大农民拥护党、跟党走，才从一个胜利走向又一个胜利。这是一条根本经验，这昭示我们：坚持不断改革，让农业强起来、让农村美起来、让农民富起来，农民群众才会更加拥护党，才会紧密团结在党的周围，才能不断巩固党长期执政的基础。②

当前，我国农业处于转型升级的关键时期，面临农业供给质量亟待提高、农民应对市场竞争的能力不足、农村生产生态生活整体发展水平不高、城乡之间要素合理流动机制亟待健全、乡村治理体系和治理能力亟待强化等一系列问题。因此，无论从农业农村的重要地位，还是从我国"三农"发展的现状来看，"三农"工作必须立足新时期新阶段不断深化改革，任何时候都不能放松。党的十九大报告中，提出了实施乡村振兴战略。乡村振兴战略是解决人民日益增长的美好生活需要和不平衡不充分的发展之间矛盾的必然要求，是实现"两个一百年"奋斗目标的必然要求，是实现全体人民共同富裕的必然要求。乡村振兴战略作为"三农"工作在新时代的具体成果之一，对于做好新时期"三农"工作必将产生重大推动作用，是解决当前中国"三农"问题的导航标。

（二）实现农业强国、美丽乡村、幸福农民新境界的加速器

在中国特色社会主义进入新时代的新的历史背景下，乡村是一个可以大有作为的广阔天地，迎来了难得的发展机遇。要坚持以新发展理念为指导，把推进农业供给侧结构性改革作为农业农村工作的主线，把"三农"工作紧紧抓在手上，加快补齐"三农"短板，培育农业农村发展新动能，巩固发展农业农村好形势，服务改革发展稳定大局。实施乡村振兴战略，将"五位一体"总体布局和协调推进"四个全面"

---

① 习近平：《之江新语》，浙江人民出版社2007年版，第100页。
② 韩长赋：《新形势下推动"三农"发展的理论指南》，载《求是》，2017年第2期。

战略布局统筹于农业农村发展。牢牢把握推进农业供给侧结构性改革的主线，不断开创农业发展新局面；加强新农村建设，加快推进城乡发展一体化，让农村美起来；促进农民收入持续较快增长，坚决打赢脱贫攻坚战，让农民富起来。

推进农业供给侧结构性改革，是以习近平同志为核心的党中央准确判断"三农"发展形势所做出的重大战略决策，反映和顺应了我国农业发展的阶段变化和内在要求。农业供给侧结构性改革不是简单的农业结构调整，而是既突出发展农业生产力又注重完善农村生产关系，是破解当前农业供需结构失衡的有效办法，是提高农业综合效益和竞争力的必然选择。农业供给侧结构性改革以保障粮食安全为基本底线，"要确保中国人的饭碗任何时候都牢牢端在自己手上，中国人的饭碗应该主要装中国粮"；发挥市场机制作用，加强政府支持保护，"让农民种粮有利可图、让主产区抓粮有积极性"[①]；加快转变农业发展方式，加快农业技术创新步伐，走产出高效、产品安全、资源节约、环境友好的农业现代化道路。深化农业供给侧结构性改革，是从生产端发力，把增加绿色优质农产品供给放在突出位置，用改革创新的办法调整优化农业要素结构、产品结构、技术结构、区域结构和主体结构，着力完善现代农业经营体制，大力发展绿色农业，从整体上提高农业供给体系的质量和效益，使农业供需关系在更高水平上实现新的平衡。

在牢牢把握推进农业供给侧结构性改革的主线基础上，习近平指出，推进农业现代化，要突出抓好加快建设现代农业产业体系、现代农业生产体系、现代农业经营体系三个重点。即不断探索农村土地集体所有制的有效实现形式，推进"三权分置"改革，加快构建以农户家庭经营为基础、合作与联合为纽带、社会化服务为支撑的复合型现代农业体系。以构建"三大体系"为抓手，推动种植业、畜牧业、渔业、农产品加工业等转型升级，努力向现代农业迈进。要推进产品创新、科技创新、制度创新和管理创新，调优调高调精农业产业，促进

---

① 《主动适应、把握、引领经济发展新常态》，载《人民日报》，2016年5月3日第九版。

粮经饲统筹、农林牧渔结合、种养加一体、一、二、三产业融合发展，使农产品数量更均衡、质量更优更安全。要强化物质条件支撑能力建设，提高农业良种化、机械化、科技化、信息化、标准化水平，提高农业的产业素质和竞争力。要培育农业新型经营主体，健全农业社会化服务体系，加强新型职业农民培训，发挥适度规模经营的引领作用，提高农业经营集约化、专业化、组织化、社会化水平。

全面建成小康社会，最艰巨最繁重的任务在农村特别是农村贫困地区。新时期加强我国新农村建设，重点在于促进乡村发展由生产功能主导向生产生活生态并重的转变。在加大力度推动农业现代化建设的同时，一方面要推进农业面源污染和乡村环境治理，积极推进农业绿色生产，大力开展农村人居环境整治行动和美丽宜居乡村建设，统筹治理农业面源污染、生活垃圾污染和工业污染；另一方面要加强农村社会治理和文化传承，注重保护和传承农业文明和乡村文化，不断创新和完善乡村治理机制，把农村真正建成乡风文明、管理民主、和谐安定的幸福家园。推进城乡发展一体化是落实"四个全面"战略布局的必然要求，也是国家现代化的重要标志。新时代，城乡一体化就是把工业和农业、城市和乡村作为一个整体统筹谋划，促进城乡在规划布局、要素配置、产业发展、公共服务、生态保护等方面相互融合和共同发展。通过建立城乡融合的体制机制，形成以工促农、以城带乡、工农互惠、城乡一体的新型工农城乡关系，逐步实现城乡居民基本权益平等化、城乡公共服务均等化、城乡居民收入均衡化、城乡要素配置合理化，以及城乡产业发展融合化。

农村经济社会发展关键在人，通过富裕农民、提高农民、扶持农民，才能解决好"地谁来种、新农村谁来建"的问题。"三农"工作的核心任务就是促进农民增收，最艰巨的任务是消除农村贫困。2013年，习近平在湖南湘西考察时提出"精准扶贫"，要"实事求是、因地制宜、分类指导、精准扶贫"，针对不同情况对扶贫对象实施精确识别、精确帮扶、精确管理，并通过转变扶贫开发方式进一步推进精准扶贫。2016年，习近平提出构建长效政策机制以增加农民收入："通过发展农村经济、组织农民外出务工经商、增加农民财产性收入等多种途径，不断缩小城乡居民收入差距，让广大农民尽快富裕起来。在政策上，要考虑如何提高粮食生产效益、增加农民种粮收入，实现农民生产粮食和增加收入齐头并进，不让种粮农民在经济上吃亏，不让种粮大县在财政上吃亏。"① 对于农民增收的具体措施，要多措并举，一是大力推进农业产业扶贫，在贫困地区发展符合当地资源特色、市场竞争力强、回报效益高的绿色产业，使农业特色产业成为农民脱贫的重要支撑；二是要坚持和完善农村基本经营制度，完善农村土地所有权承包权经营权"三权分置"办法，优化土地资源配置，充分释放农村土地制度改革的增收红利，坚持推进农村集体产权制度改革，让广大农民更多分享财产性收入；三是要建立保障更加充分的社会安全网，加强对农村贫困人口尤其是缺乏劳动能力家庭的社会保障补贴，逐步建立起农村贫困家庭收入可持续增长机制，确保亿万农民一道迈入全面小康社会。

---

① 《习近平主持农村改革座谈会：加大推进新形势下农村改革力度》，载人民网，2016年4月29日，http://www.xinhuanet.com/politics/2016-04/28/c_1118763826.htm。

参考文献

著作：

[1]《马克思恩格斯选集》第 1 卷，人民出版社 1972 年版。

[2]《马克思恩格斯选集》第 2 卷，人民出版社 1972 年版。

[3]《马克思恩格斯选集》第 4 卷，人民出版社 1972 年版。

[4]《马克思恩格斯全集》第 9 卷，人民出版社 1979 年版。

[5]《马克思恩格斯全集》第 22 卷，人民出版社 1965 年版。

[6]《马克思恩格斯全集》第 35 卷，人民出版社 1979 年版。

[7] 马克思：《资本论》第 3 卷，人民出版社 1975 年版。

[8] 马克思、恩格斯：《共产党宣言》，人民出版社 1997 年版。

[9]《列宁选集》第 2 卷，人民出版社 1972 年版。

[10]《列宁选集》第 4 卷，人民出版社 1972 年版。

[11]《列宁全集》第 16 卷，人民出版社 1988 年版。

[12]《列宁全集》第 17 卷，人民出版社 1988 年版。

[13]《毛泽东选集》第一卷，人民出版社 1991 年版。

[14]《毛泽东文集》第七卷，人民出版社 1999 年版。

[15]《毛泽东文集》第八卷，人民出版社 1999 年版。

[16]《邓小平文选》第一卷，人民出版社 1994 年版。

[17]《邓小平文选》第二卷，人民出版社1994年版。

[18]《邓小平文选》第三卷，人民出版社1993年版。

[19]《邓小平年谱》（1975-1997）上，中央文献出版社2004年版。

[20]《江泽民论有中国特色社会主义》，中央文献出版社2002年版。

[21] 江泽民：《论社会主义市场经济》，中央文献出版社2006年版。

[22] 习近平：《摆脱贫困》，福建人民出版社1992年版。

[23] 习近平：《加快福建现代农业发展步伐》，福建人民出版社1998年版。

[24] 习近平：《中国农村市场化建设研究》，人民出版社2001年版。

[25] 习近平：《福建省南平市向农村选派干部的调查与思考》，福建人民出版社2002年版。

[26] 习近平：《之江新语》，浙江人民出版社2007版。

[27] 习近平：《干在实处，走在前列》，中共中央党校出版社2013年版。

[28] 习近平：《习近平谈治国理政》第一卷，外文出版社2014年版。

[29] 习近平：《决胜全面建成小康社会 夺取新时达中国特色社会主义伟大胜利——中国共产党第十九次全国代表大会上的报告》，人民出版社2017年版。

[30] 中共中央宣传部：《习近平总书记系列重要讲话读本(2016版)》，学习出版社2016年版。

[31] 中共中央宣传部：《习近平新时代中国特色社会主义思想三十讲》，学习出版社2018年版。

[32] 中共中央文献研究室：《新时期农业和农村工作重要文献选编》，中央文献出版社1992年版。

[33] 中共中央文献研究室：《中共十三届四中全会以来历次全国代表大会中央全会重要文献选编》，中央文献出版社2002年版。

[34] 中共中央文献研究室：《十五大以来重要文献选编》，中央文献出版社2005年版。

[35] 中共中央文献研究室：《十六大以来重要文献选编》上，中央

文献出版社 2005 年版。

[36] 中共中央文献研究室：《十六大以来重要文献选编》中，中央文献出版社 2006 年版。

[37] 中共中央文献研究室：《十六大以来重要文献选编》下，中央文献出版社 2008 年版。

[38] 中共中央文献研究室：《十八大以来重要文献选编》上，中央文献出版社 2014 年版。

[39][法]孟德斯鸠：《农民的终结》，社会科学文献出版社 1991 年版。

[40][美]埃德加·斯诺：《斯诺文集》第 1 册，董乐山译，新华出版社 1984 年版，第 208 页。

[41] 蔡昉：《2007 年人口与劳动绿皮书》，社会科学文献出版社 2007 年版。

[42] 陈心想：《走出乡土——对话费孝通 乡土中国》，生活·读书·新知三联书店 2017 年版。

[43] 费孝通：《乡土中国》，人民出版社 2008 年版。

[44] 公安部三局编：《户口管理资料汇编》第四册，群众出版社 1993 年版。

[45] 贺雪峰：《治村》，北京大学出版社 2017 年版。

[46] 黄平：《寻求生存：当代中国农村外出人口的社会学研究》，云南人民出版社 1997 年版。

[47] 江金权：《科学发展观学习读本》，人民出版社 2009 年版。

[48] 李晓西、曾学文、赵少钦：《中国经济改革 30 年：市场化进程卷》，重庆大学出版社 2008 年版。

[49] 刘奇：《大国三农清华八讲》，中国发展出版社 2016 年版。

[50] 刘奇：《中国三农"危"与"机"》，中国发展出版社 2014 年版。

[51] 陆学艺：《"三农"论——当代中国农业、农村、农民研究》，社会科学文献出版社 2002 年版。

[52] 温铁军：《告别百年激进》，东方出版社 2016 年版。

[53] 温铁军：《中国农村基本经济制度研究》，中国经济出版社 2000 年版。

[54] 杨轶婕：《三农问题：从历史、现在到未来》，上海科学技术文献出版社 2016 年版。

[55] 郑有贵：《中国共产党"三农"思想政策史》，中国经济出版社 2004 年版。

[56] 周大鸣：《渴望生存：农民工流动的人类学考察》，中山大学出版社 2005 年版。

期刊论文：

[1]《"之江新语"栏目评论》，载《浙江日报》，2005 年 8 月 24 日。

[2]《从"两权分离"到"三权分置"——中国农地制度的绩效分析》，载《农民日报》，2017 年 7 月 29 日。

[3]《国内外价格倒挂 农产品仍存较大走私风险》，载《经济参考报》，2014 年 12 月 25 日。

[4]《弘扬优秀传统文化 助力乡村振兴战略》，载《宁夏日报》，2018 年 3 月 9 日。

[5]《建设一支宏大的高素质干部队伍》，载《人民日报》，2017 年 9 月 15 日，第 1 版。

[6]《江泽民：加强农业基础，深化改革，推进农村经济和社会全面发展》，载《人民日报》，1996 年 7 月 15 日。

[7]《姜大明在全国国土资源工作会议上提出国土资源工作要在推动乡村振兴战略实施中有更大担当》，载《中国国土资源报》，2018 年 1 月 16 日。

[8]《农产品加工副产物损失惊人综合利用效益可期》，载《农民日报》，2014 年 8 月 9 日。

[9]《农村产业融合：须强化与农民利益联结机制》，载《经济参考报》，2016 年 12 月 5 日。

[10]《切实解决好新阶段农业农村农民问题 采取有效措施促进农民收入较快增长》，载《人民日报》，2003年12月18日。

[11]《习近平：习近平在中共中央政治局第二十二次集体学习时强调 健全城乡一体化机制 让广大农民共享改革发展成果》，载《人民日报》，2015年5月2日。

[12]《习近平在云南考察工作时强调 坚决打好扶贫开发攻坚战 加快民族地区经济社会发展》，载《人民日报》，2015年1月22日。

[13]《习近平致信祝贺中国农业科学院建院六十周年》，载《人民日报》，2017年5月27日01版。

[14]《习近平主持农村改革座谈会：加大推进新形势下农村改革力度》，载《人民日报》，2016年4月29日。

[15]《中共农业部党组理论学习中心组：坚持不懈推进农业强农村美农民富》，载《人民日报》，2014年6月23日。

[16]《中共中央关于农业和农村工作若干重大问题的决定》，载《人民日报》，1998年10月19日。

[17]《中央农村工作会议在北京举行》，载《人民日报》，2013年12月25日。

[18]蔡昉：《中国的人口红利还能持续多久》，载《经济学动态》，2011年第6期。

[19]陈晓枫、翁斯柳：《"三权"分置改革下农民财产性收入的特点和发展趋势》，载《政治经济学评论》，2018年第9卷第2期。

[20]陈晓棠：《从"身份化"到"职业化"：都市农民群体建构的实践逻辑》，载《学术交流》，2013年第5期。

[21]崔晓黎：《统购统销与工业积累》，载《中国经济史研究》，1988年第4期。

[22]戴佳：《2013年至今年5月，全国检察机关查办涉农和扶贫领域职务犯罪28894人——涉农资金管理使用环节案件多发》，载《检察日报》，2015年7月22日。

[23] 丁霄泉：《农村剩余劳动力转移对我国经济增长的贡献》，载《中国农村观察》，2001年第2期。

[24] 巩前文、严耕：《中国生态农业发展的进展、问题与展望》，载《现代经济探讨》，2015年第9期。

[25] 何安华、秦光远：《中国农产品加工业发展的现状、问题及对策》，载《农业经济与管理》，2016年第5期。

[26] 胡泊：《培育新型农业经营主体的现实困扰与对策措施》，载《中州学刊》，2015年第3期。

[27] 胡佳男：《城乡间义务教育教师资源均衡配置问题研究——基于我国2009—2013年的统计数据分析》，载《教育观察（下半月）》，2016年第6期。

[28] 黄娜：《农地产权"三权分置"研究综述与展望》，载《农村经济与科技》，2015年第8期。

[29] 孔繁金：《改革开放不同时期中央一号文件中农村基层党建思想比较研究》，载《理论学刊》，2018年第1期。

[30] 孔韬：《中国与加拿大农业生产效率比较研究》，载《世界农业》，2018年第5期。

[31] 孔祥智、何安华：《新中国成立60年来农民对国家建设的贡献分析》，载《教学与研究》，2009年第9期。

[32] 李斌、臧胜业：《当代中国农民工问题研究》，载《劳动保障世界》，2007年第2期。

[33] 李森、汪建华：《我国乡村教育发展的历史脉络与现代启示》，载《西南大学学报》（社会科学版），2007年第1期。

[34] 李伟：《以改革创新持续提升中国粮食与食品安全保障能力》，载《中国经济报告》，2014年第12期。

[35] 李由甲：《我国绿色农业发展的路径选择》，载《农业经济》，2017年第3期。

[36] 梁波、董婷：《农村义务教育"衰败"：危机与反思——以J

省N地区六所农村小学为例的观察与分析》，载《中国农业大学学报》（社会科学版），2018第1期。

[37] 廖兰：《马克思主义财富观与"藏富于民"》，载《宜宾学院学报》，2012年第12卷第1期。

[38] 林毅夫、余淼杰：《我国价格剪刀差的政治经济学分析：理论模型与计量实证》，载《经济研究》，2009年第44卷第1期。

[39] 刘金田：《邓小平对新时期中国农村改革和发展的历史贡献》，载《党的文献》，2009年第5期。

[40] 刘守英：《土地制度与农民权利》，载《中国土地科学》，2000年第3期。

[41] 刘唐宇、罗丹：《我国农民工就业歧视：现状、原因及政策建议》，载《四川理工学院学报》（社会科学版），2014年第29卷第3期。

[42] 刘秀梅、田维明：《我国农村劳动力转移对经济增长的贡献分析》，载《管理世界》，2005年第1期。

[43] 刘颖、张英魁、梅少粉：《乡村精英人才外流的社会影响与对策》，载《学术交流》，2010年第11期。

[44] 刘铮：《改革开放30年中国农业贡献的经济学分析》，载《福建论坛》（人文社会科学版），2009年第2期。

[45] 刘助仁：《工农产品价格剪刀差问题研究综述》，载《价格理论与实践》，1997年第4期。

[46] 卢宁：《从"两山理论"到绿色发展：马克思主义生产力理论的创新成果》，载《浙江社会科学》，2016年第1期。

[47] 卢泽羽、陈晓萍：《中国农村土地流转现状、问题及对策》，载《新疆师范大学学报》（哲学社会科学版），2015年第36卷第4期。

[48] 骆永民、樊丽明：《土地：农民增收的保障还是阻碍？》，载《经济研究》，2015年第50卷第8期。

[49] 吕明伟、郭焕成、孙艺惠：《生产·生态·生活——"三生"一体的台湾休闲农业园区规划与建设》，载《中国园林》，2008年第8期。

[50] 冒佩华、徐骥：《农地制度、土地经营权流转与农民收入增长》，载《管理世界》，2015年第5期。

[51] 任鑫、薛宝贵：《生产要素单向流动对城乡收入差距的效应研究》，载《人文杂志》，2016年第7期。

[52] 尚二萍、许尔琪、张红旗等：《中国粮食主产区耕地土壤重金属时空变化与污染源分析》，载《环境科学》，2018年第10期。

[53] 沈艳丽：《农业上市公司经营绩效的分析》，载《中国集体经济》，2009年第287卷第13期。

[54] 宋洪远、赵海：《新型农业经营体系建设要把握的四个重点》，载《经济日报》，2013年6月5日。

[55] 孙文凯、白重恩、谢沛初：《户籍制度改革对中国农村劳动力流动的影响》，载《经济研究》，2011年第46卷第1期。

[56] 谭秋成：《作为一种生产方式的绿色农业》，载《中国人口·资源与环境》，2015年第9期。

[57] 唐娟莉、张云燕：《我国农民收入倍增现状分析与制度保障》，载《山西农业大学学报》（社会科学版），2018年第17卷第1期。

[58] 田大庆、王奇、叶文虎：《三生共赢：可持续发展的根本目标与行为准则》，载《中国人口·资源与环境》，2004年第2期。

[59] 田克勤：《中国特色社会主义新时代内涵的多维思考》，载《马克思主义理论学科研究》，2018年第2期。

[60] 汪昌云、钟腾、郑华懋：《金融市场化提高了农户信贷获得吗？——基于农户调查的实证研究》，载《经济研究》，2014年第49卷第10期。

[61] 汪三贵、刘未：《以精准扶贫实现精准脱贫：中国农村反贫困的新思路》，载《华南师范大学学报》（社会科学版），2016年第5期。

[62] 汪小勤、汪红梅：《"人口红利"效应与中国经济增长》，载《经济学家》，2007年第1期。

[63] 王春超：《农村土地流转、劳动力资源配置与农民收入增长：

基于中国 17 省份农户调查的实证研究》，载《农业技术经济》，2011 年第 1 期。

[64] 王璐：《让古村落悠然"活"在当下》，载《山西日报》，2016 年 6 月 7 日。

[65] 王美艳、蔡昉：《户籍制度改革的历程与展望》，载《广东社会科学》，2008 年第 6 期。

[66] 王小章：《从"生存"到"承认"：公民权视野下的农民工问题》，载《社会学研究》，2009 年第 24 卷第 1 期。

[67] 吴晓磊、余晓泓：《论新农村建设中环境污染的综合治理》，载《农业环境与发展》，2009 年第 4 期。

[68] 吴忠民：《藏富于民的时代意义及实现路径》，载《探索与争鸣》，2010 年第 11 期。

[69] 习近平：《加大城乡统筹发展力度 加快社会主义新农村建设》，载《解放日报》，2007 年 8 月 24 日。

[70] 习近平：《论农村改革发展进程中的市场化建设》，载《中共福建省委党校学报》，1999 年第 7 期。

[71] 肖卫东、梁春梅：《农村土地"三权分置"的内涵、基本要义及权利关系》，载《中国农村经济》，2016 年第 11 期。

[72] 徐杰、高君、夏丽霞：《城乡统筹背景下进城农民工的社会保障问题探讨》，载《农业现代化研究》，2012 年第 33 卷第 1 期。

[73] 徐志文、王礼力、谢方：《城镇化进程中"中心镇镶嵌"缩小城乡收入差距研究》，载《经济体制改革》，2013 年第 3 期。

[74] 严瑞珍、龚道广、周志祥、毕宝德：《中国工农业产品价格剪刀差的现状、发展趋势及对策》，载《经济研究》，1990 年第 2 期。

[75] 杨彬如：《中国教育的城乡不平衡发展探究》，载《中国农学通报》，2015 年第 19 期。

[76] 杨宜勇、刘婉：《我国城乡二元社会保障体系面临的主要问题及原因》，载《经济纵横》，2007 年第 5 期。

[77] 叶剑平、丰雷、蒋妍等：《2008年中国农村土地使用权调查研究——17省份调查结果及政策建议》，载《管理世界》，2010年第1期。

[78] 叶兴庆：《农业发展需要加快培育接续力量》，载《人民日报》，2015年3月16日。

[79] 尹国彬：《近年我国粮食产后损失评估及减损对策》，载《粮食与饲料工业》，2017年第3期。

[80] 尹杰钦、甘信芝、黎力：《农村基层党组织社会治理创新面临的挑战及其归因》，载《当代世界与社会主义》，2016年第6期。

[81] 于法稳：《习近平绿色发展新思想与农业的绿色转型发展》，载《中国农村观察》，2016年第5期。

[82] 袁建伟：《坚持全面从严治党强化农村基层党组织整体功能》，载《光明日报》，2018年4月2日。

[83] 翟金良：《中国农业科技成果转化的特点、存在的问题与发展对策》，载《中国科学院院刊》，2015年第30卷第3期。

[84] 张佰林、张凤荣、周建等：《农村居民点功能演变的微尺度分析——山东省沂水县核桃园村的实证》，载《地理科学》，2015年第35卷第10期。

[85] 张敦福：《城市农民工的边缘地位》，载《青年研究》，2000年第9期。

[86] 张红宇：《发挥新型农业经营主体对改革的引领作用》，载《经济日报》，2017年2月10日。

[87] 张慧：《农民工就业歧视问题分析》，载《上海经济研究》，2005年第10期。

[88] 张力、郑志峰：《推进农村土地承包权与经营权再分离的法制构造研究》，载《农业经济问题》，2015年第36卷第1期。

[89] 张立先、郑庆昌：《保障农民土地财产权益视角下的农民财产性收入问题探析》，载《福建论坛》（人文社会科学版），2012年第3期。

[90] 张乃侠：《当前三种"剪刀差"制约了农民收入的增长》，载《价

格理论与实践》，2008 年第 11 期。

[91] 张岩、王立人：《挖掘乡村文化 促进乡村旅游可持续发展》，载《农业经济》，2008 年第 12 期。

[92] 张智勇：《户籍制度：农民工就业歧视形成之根源》，载《农村经济》，2005 年第 4 期。

[93] 赵树凯：《当代中国农民身份问题的思考》，载《华中师范大学学报》（人文社会科学版），2011 年第 50 卷第 6 期。

[94] 郑功成：《农民工的权益与社会保障》，载《中国党政干部论坛》，2002 年第 8 期。

[95] 中共湖州市委理论学习中心组：《坚定不移践行"绿水青山就是金山银山"》，载《湖州日报》，2015 年 8 月 10 日。

[96] 周立、李彦岩、王彩虹、方平：《乡村振兴战略中的产业融合和六次产业发展》，载《新疆师范大学学报》（哲学社会科学版），2018 年第 3 期。

[97] 周品戈、刘纯阳：《农村金融规模、农业产值和农民收入相关性分析——基于省域视角并以湖南省为例》，载《湖南农业大学学报》（社会科学版），2015 年第 2 期。

[98] 朱信凯、徐星美：《一二三产业融合发展的问题与对策研究》，载《华中农业大学学报》（社会科学版），2017 年第 4 期。

[99] 祝树金、钟腾龙：《中国工农剪刀差系统模型构建及实证研究》，载《经济问题探索》，2014 年第 2 期。

[100]Cook S. "Structural Change, Growth and Poverty Reduction in Asia: Pathways to Inclusive Development". *Development Policy Review*, Vol. 24. No.s1, 2010, pp. s51-80.

硕博学位论文：

[1] 丁武民：《乡村发展过程中的金融支持研究》，青岛：中国海洋大学，2010 年。

[2] 马福云：《当代中国户籍制度变迁研究》，北京：中国社会科学院研究生院，2001年。

[3] 史向军：《毛泽东"三农"思想研究》，杨凌：西北农林科技大学，2007年。

[4] 吴珊瑚：《贫困根源的一般性分析与传统体制下中国农民的贫困成因研究》，杭州：浙江大学，2002年。

[5] 袁雯雯：《城乡一体化进程中农村基层党组织存在的问题、原因分析及对策研究》，聊城：聊城大学，2017年。

[6] 张波波：《当前我国乡村文化建设问题研究》，济南：齐鲁工业大学，2014年。

[7] 赵洪丹：《中国农村经济发展的金融支持研究》，长春：吉林大学，2016年。

[8] 朱余斌：《建国以来乡村治理体制的演变与发展研究》，上海：上海社会科学院，2017年。

后 记

从接触农业经济研究开始算起,也有十余载。笔者生于农村,长于农村,对"三农"有着特殊的感情,对从事"三农"问题研究自觉为是件快乐的事,每年下农村搞调查,看到农村的变化,勾起了很多以前在家乡的事。在自己的学术成长中,我是幸运的,不仅遇到很多良师益友,也遇到非常优秀的学生。本书稿的撰写并没有特别的策划,仅是这些年每年暑假带着学生们驻村搞调研,一起做问卷、一起聊农村,相互启发,形成了一些共识,想通过出书的形式记录下来。书中很多章节都是大家共同的思想,也是大家共同的心血,其中,研究生刘丹、杨文杰、薄雅琼、李学敏在初稿写作中做了大量工作,大到观点的讨论,小到资料的搜集,都有众多贡献。做农村研究需要长期"泡"在农村,夏天的农村调研是件极为辛苦的事。有时笑问学生,跟着我做农村领域的研究是不是特别的"不幸",其实,能够整个暑假顶着近四十度的热浪走村串户做问卷,而且年年如此,已经是最好的答案。对我来说,带学生是件快乐的事。

本书能够出版,要特别感谢中央编译出版社"马克思诞辰 200 周年纪念文库"项目的支持,也感谢责任编辑李易明老师的大量付出,对书稿的修改贡献了众多智慧。

巩前文
2019 年 11 月 8 日